사랑과 행복을 위한
목회편지 · 목회서신 · 목회칼럼

아름다운 양보

배굉호 지음

도서
출판 영문

A Beautiful Concession

By
Dr. Paul G.H. Bae

2008
Young Moon Publishing Co.,
Seoul, Korea

머리말

　생존경쟁 시대의 특징 중 하나를 든다면 양보하는 일이 드물다는 사실일 것입니다. 유치원 시절부터 초등학교, 중·고등학교, 대학교, 그리고 직장생활 및 사회생활에서도 우리는 늘 경쟁해야 하고 이겨야 하는 일에 익숙해 있기 때문에 양보가 어려울 수밖에 없을 것입니다. 그래서 이겨야 하고, 다른 사람보다 뛰어나야 하고, 앞서가야 하는 사회가 되어 버린 것입니다. 물론 학교의 선생님들과 교회의 지도자들, 그리고 부모님들이 왜 양보의 미덕을 가르치지 않겠습니까? 그렇지만 현실은 그렇게 될 수 없다는 것이 우리의 현실이요, 변명이 되고 말았습니다. 학교 성적, 입학, 취업, 사업의 이득 문제뿐 아니라 정치권에서도 국회의원의 치열한 공천 경쟁, 대권을 향한 정치인들의 한치 양보 없는 대결을 우리는 보고 있습니다. 여기에 투표권을 행사하면서 한 편을 지지하는 가운데 우리도 어느 새 경쟁자가 되어 있고, 경쟁은 우리 생활의 일부분이 되고 말았습니다.

　그러나 우리가 살아가는 이 세상은 늘 그렇지만은 않습니다.

때때로 감동을 주는 아름다운 양보가 나타나는 것은 우리의 소망이요 위로입니다. 아직도 우리에게는 살아 갈 희망과 용기를 얻는 귀한 일들이 우리 주위에서 일어나고 있습니다. 물론 매스컴을 타서 모든 사람을 감동시키는 아름다운 양보도 있지만, 비록 작지만 진실하고 아름다운 일들로 인해 우리의 가슴을 울리며 감동을 주는 일들도 계속 이어지고 있습니다. 양떼를 살리기 위해 자원함으로 죽음을 준비하면서 실제 순교를 당한 아름다운 목자의 양보, 또한 죽을지도 모르는 무서운 정황에서도 동료들에게 먼저 안전한 곳으로 가도록 양보하는 아름다운 성도의 모습은 우리 모두를 감동하기에 충분했습니다. 아직도 모슬렘권에서는 목숨을 걸고 선교하는 이름을 밝히지 못하는 선교사들과 봉사자들이 많이 있습니다. 그러한 곳에서는 우리가 모르는 가운데 아름다운 희생과 양보가 많을 것입니다.

  우리는 멀리 가지 않아도 우리의 가까운 공동체인 가정, 교회, 직장, 사업체 등에서 내가 먼저 조금씩 양보하는 일들이 진행된다면, 분명 지금 보다는 더 밝고 아름다운 삶을 만들어 갈 것입니다. 누구의 양보를 기다리는 것 보다 내가 먼저 희생하고 양보해서 한 걸음 물러선다면, 나 자신보다 상대방을 먼저 고려해 본다면, 우리의 작은 양보로 모두가 행복해 질 것입니다.

  우리 예수님이 이 세상에 오신 것 자체가 위대한 양보의 삶이 아니겠습니까? "인자의 온 것은 섬김을 받으려 함이 아니라 도리어 섬기려 하고 자기 목숨을 많은 사람의 대속물로 주려 함이니라"(막 10:45)

 이 책은 평소 우리 주위에서 일어나는 일들 중에서 신문이나 잡지 등을 통해 알려진 내용들을 기독교적인 입장에서 생각하면서 우리 성도들과 나눈 목회칼럼과 목회서신, 그리고 사랑과 행복을 위한 편지를 편집한 것입니다.

 출판을 위해 수고하신 전병덕 목사님과 공혜숙 전도사님, 그리고 출판 위원장 김창길 피택 장로님과 출판 위원들께 진심으로 감사의 인사를 드립니다.

 또한 모든 수익금이 교회 확장과 건축에 바쳐지게 되어 더욱 감사합니다.

주후 2008년 5월
배굉호 드림

Contents

머리말 • 3

사랑과 행복을 위한 편지

1. 하나님께 인정받는 삶을 삽시다 • 12
2. 맡은 일에 최선을 다합시다 • 14
3. 내일 일을 알지 못합니다 • 16
4. 인생은 너무 빠릅니다 • 18
5. 시간은 다시 돌아오지 않습니다 • 20
6. 기도할 수 있는데 왜 하지 않습니까 • 22
7. 기도의 응답은 반드시 있습니다 • 24
8. 기도하는 손 • 26
9. 감사는 삶의 원천입니다 • 28
10. 더 큰 감사생활 • 30
11. 형제의 사랑 • 32
12. 가정은 건물이 아닙니다 • 34

13. 칭찬의 힘 • 36

14. 폭풍을 만날 때 • 38

15. 하나님 안에서 절망이란 없습니다 • 40

16. 연약할 때 강하게 되는 인생 • 42

17. 환란 가운데서도 찬양합시다 • 44

18. 기회를 놓치지 마십시오 • 46

19. 예배는 중요합니다 • 48

20. 지혜로운 자로 살아야 합니다 • 50

21. 사랑은 인내하면서 희망을 가지는 것입니다 • 52

22. 고난의 산물 • 54

23. 믿음은 우리의 안전그물입니다 • 56

24. 믿음은 즉각 순종하는 것입니다 • 58

25. 믿음은 단순합니다 • 60

목회서신

1. 최고의 설날은 하나님께 예배드리는 날 • 64
2. 칭찬의 기술 • 66
3. 이렇게 전도합시다 • 72
4. 시신을 기증하고 떠난 '토스트 할머니' • 76
5. '왕궁 = 행복궁'은 아닙니다 • 80
6. 버림받은 개들의 천사 • 84
7. 엄지공주의 소원 • 88
8. 진짜 인정받는 학력은 • 92
9. 인종 차별과 제노포비아(xenophobia) • 96
10. 장기를 기증하고 떠난 빙상 스타 • 100
11. 세계 최고 부자들만의 자녀 교육법 • 104
12. 920억 놓고 간 천사, 2,200억 가로챈 타락녀(女) • 108
13. 끊임없는 창조정신 • 112
14. 전장(戰場)에 핀 '사랑의 기적' • 116

목회칼럼

1. 웰빙의 완성은 웰다잉(well dying) • 122
2. 탈북자를 돕는 것은 사랑을 실천하는 일입니다 • 126
3. 그는 진정한 영웅이었습니다 • 130
4. 블루 크리스마스 • 134
5. 어느 아버지의 재산 상속과 워런 버핏 회장이 찾는 후계자 • 138
6. 노예무역을 참회한 영국의 양심 • 142
7. 용서는 우리를 감동시키는 아름다움입니다 • 146
8. 한국인이 생각하는 행복의 조건 • 150
9. 아름다운 양보 • 154
10. 지사의 눈물 • 158
11. 세계로 수출하는 우수한 한글 • 162

A Beautiful Concession

1. 하나님께 인정받는 삶을 삽시다
2. 맡은 일에 최선을 다합시다
3. 내일 일을 알지 못합니다
4. 인생은 너무 빠릅니다
5. 시간은 다시 돌아오지 않습니다
6. 기도할 수 있는데 왜 하지 않습니까?
7. 기도의 응답은 반드시 있습니다
8. 기도하는 손
9. 감사는 삶의 원천입니다
10. 더 큰 감사생활
11. 형제의 사랑
12. 가정은 건물이 아닙니다
13. 칭찬의 힘
14. 폭풍을 만날 때
15. 하나님 안에서 절망이란 없습니다
16. 연약할 때 강하게 되는 인생
17. 환란 가운데서도 찬양합시다
18. 기회를 놓치지 마십시오
19. 예배는 중요합니다
20. 지혜로운 자로 살아야 합니다
21. 사랑은 인내하면서 희망을 가지는 것입니다
22. 고난의 산물
23. 믿음은 우리의 안전그물입니다
24. 믿음은 즉각 순종하는 것입니다
25. 믿음은 단순합니다

PART **1**

사랑과 행복을 위한 편지

01
하나님께 인정받는 삶을 삽시다

사람은 누구나 많은 사람들로부터 인정받고 싶어하고 알아주기를 원합니다. 그러나 그것은 순간이며 아무 소용이 없습니다. 우리는 우리의 주인이신 하나님으로부터 인정을 받아야 그것이 참된 것입니다.

교향곡을 작곡하고자 했던 루돌프라는 젊은 음악가가 비엔나에 살고 있었습니다. 드디어 어느 날 그가 원하던 기회가 찾아왔습니다. 쓰고 고치기를 여러 번 반복하면서 그는 그의 작품을 몇몇 친구들에게 보여주며 그들의 의견을 물었습니다. 친구들은 아주 우수한 작품이라고 입을 모았습니다. 그러나 루돌프는 그 작품이 걸작이 되기를 소망하면서 더욱 심혈을 기울여 곡의 완성도를 위해 힘을 다했습니다. 마침내 그의 작품이 무대에 올랐습니다. 교향악단은 그의 곡을 아름답게 연주해 주었습니다. 마지막 연주가 끝난 후 청중들은 우레와 같은 박수를 보냈습니다. 그때 머리가 하얀 노인 한 분이 그에게 다가와 어깨에 손을 올리며 "잘했다. 루돌프, 정말 잘했어!" 하고 말했습니다. 젊은 음악가의 두 눈에 눈물이 글썽거렸습니다. 그 노인은 자신이 그처럼 본받고 싶었던 가장 존경하는 스승이었습니다.

우리가 한 일에 대해 인정을 받는다는 것은 중요합니다. 물론 사람들로부터 인정을 받는 것도 격려가 됩니다. 그러나 우리는 무엇보다도 우리 인생이 끝났을 때 우리의 주인이 되시는 하나님으로부터 인정과 칭찬을 받아야 합니다. 우리에게 주어진 일에 최선을 다하고, 우리의 가장 귀한 것을 드릴 때 우리는 하나님 앞에서 인정받을 것입니다. 지금 우리는 우리의 주인이신 하나님께 인정받는 삶을 살고 있는지 늘 생각해 보고, 스스로 물어보아야 합니다.

예수님은 말씀하셨습니다.

"잘 하였도다 착하고 충성된 종아 네가 작은 일에 충성하였으매 내가 많은 것으로 네게 맡기리니 네 주인의 즐거움에 참예할지어다"
(마 25:21)

02

맡은 일에 최선을 다합시다

내가 하는 일이 아무리 작고 하찮은 일이라도 성실하게 감당해 나갈 때 그 일에 대한 기쁨과 보람을 선물 받을 수 있습니다. 알프스 산 동쪽 기슭에 있는 어느 마을의 숲 속에 한 노인이 살고 있었습니다. 이 노인은 산 계곡의 물에 잡동사니가 많아 마을로 흘러 들어오는 샘물이 더러워져 그것을 깨끗하게 관리하도록 오래 전부터 마을 사람들이 고용해 온 사람입니다. 이 노인은 말 없이 충실하게 순찰하면서 나뭇잎과 나뭇가지를 줍고, 샘물을 오염시키며 더럽히는 찌꺼기들을 제거했습니다. 그러자 마을은 날이 갈수록 깨끗해져 아름다운 휴양지가 되었습니다. 오랜 세월이 흘렀습니다. 어느 날 저녁, 마을 사람들의 정기총회 때에 마을의 예산안을 심의하던 중 누군가가 샘물을 지키는 사람에게 지불되는 돈을 문제삼기 시작했습니다. 드디어 재정을 담당한 사람이 말했습니다. "도대체 노인은 무얼 하는 사람입니까? 무엇 때문에 이 사람을 해마다 고용하는 겁니까? 혹시 이 사람을 보신 분이 계십니까? 이 사람이 우리를 위해 하는 일은 그다지 쓸모 없는 소소한 것이 아닙니까? 이제는 더 이상 이 사람을 고용할 필요가 없다고 생각합니다." 결국 그들은 만장일치로 그 노인을 해고시켰습니다. 그런데 문제는 이 때부터 발생했습니다. 그 후 샘물 위에 엷은 적갈색 이끼가 조금씩 눈에 띄기 시작했습니다. 며칠이 지나자 물은 더욱 더러워졌고, 한 주가 지나자 끈끈한 피막이 생겨나 물가를 덮었고, 곧 악취를 풍기기 시작했습니다. 그리고 이상한 질병과 전염병이 마을을 휩쓸었습니다. 당황한 마을 지도자들은 특별모임을 열었습니다. 논의 끝에 자신들의 결정이 전적으로 잘못된 판단이었음을 깨달은 그들은 그 옛날 샘물을 지키던 노인을 다시 고용했습니다. 그러자 몇 주 안 되어 샘물은 맑은 생수로 깨끗하게 변했습니다. 알프스 산기슭에 자리잡은 그 마을에는 전과 같이 새로운 생명력이 넘쳐흘렀습니다.

우리가 사는 사회뿐 아니라 교회에도 다른 사람들이 알아주든 알아주지 않든 묵묵히 자신의 일에 최선을 다하는 사람들이 많아야 합니다. 우리가 부지런히 최선을 다하는 삶을 살 때 하나님은 축복하실 것입니다.

성경은 말씀합니다.

"부지런하여 게으르지 말고 열심을 품고 주를 섬기라"(롬 12:11)

03

내일 일을 알지 못합니다

우리에게 중요한 것은 오늘입니다. 내일은 나의 날이 아닙니다. 지금 할 수 있는 일은 지금 곧장 해야 합니다. 우선순위를 잘 세우는 지혜가 우리에게 더욱 필요합니다. 무엇보다 생명과 관련된 일은 더더욱 그렇습니다.

옛날 그리스에 알카아스라는 왕이 살고 있었습니다. 그때 그리스는 통일된 나라가 아니라 각각의 도시가 하나의 국가를 이루고 있어서 '도시국가'라고 합니다. 알카아스 왕은 '디베'라는 도시를 다스리고 있었습니다. 하루는 알카아스 왕이 고단하게 국무를 처리한 뒤, 그날 저녁에 멋진 연회를 베풀기로 했습니다. 그래서 성대한 잔치를 명령하고 대신들에게 모두 참석하도록 했습니다. 시간이 되자 참석자들이 모두 도착했고 향긋한 술과 맛있는 요리, 그리고 아름다운 음악과 멋진 춤이 어우러져 분위기가 최고조에 달했습니다. 잔치가 한창 무르익어 가고 있을 때 누군가 알카아스 왕에게 편지를 가져왔습니다. 왕은 그 편지를 잠시 내려보다가 "아니야, 오늘은 흥겨운 잔칫날인데 편지는 내일 봐야지." 하며 옆으로 밀쳐 놓았습니다. 그리고 잠시 후 멋진 무희들이 들어와 춤을 추기 시작했습니다. 그런데 무희 중 한 명이 갑자기 숨겨 둔 칼을 뽑아 알카아스 왕을 향해 내리쳤습니다. 왕은 그 자리에서 즉사하고 말았습니다. 그 후 잔칫상에 있던 편지를 봤더니 그 편지에는 자객이 무희로 변장하여 들어가 왕을 암살할 것이라는 내용이 적혀 있었습니다. 알카아스 왕은 당장 해야 할 일을 내일로 미루었다가 그만 암살을 당한 것입니다.

우리는 내일 무슨 일이 일어날지 아무도 모릅니다. 아니 잠시 후에 어떤 일이 일어날지도 모릅니다. 오늘 일을 내일로 미루면 안됩니다. 인간은 내일이 있기에 소망을 가지고 살아갑니다. 내일을 위해서는 오늘의 준비가 필요합니다.

성경은 말씀합니다.

> "너희 중에 말하기를 오늘이나 내일이나 우리가 아무 도시에 가서 거기서 일년을 유하며 장사하여 이를 보리라 하는 자들아 내일 일을 너희가 알지 못하는도다 너희 생명이 무엇이뇨 너희는 잠깐 보이다가 없어지는 안개니라"(약 4:13-14)

04

인생은 너무 빠릅니다

세월은 흐르는 물이요, 날아가는 화살과 같다고 합니다. 후회 없는 하루 하루를 살아가는 지혜가 우리에게 있어야겠습니다.

올해도 며칠 남지 않았습니다. 인생은 너무도 빨리 지나갑니다. 어느 자동차 회사가 새 자동차를 팔려고 신문에 전면광고를 냈습니다. 그 광고에 굵은 글씨로 이렇게 적혀 있었습니다. "이 자동차는 당신이 태어나서 40세까지 살았던 것 만큼이나 빨리 달립니다." 또 이런 말을 추가했습니다. "무슨 말이냐고요? 중간고사 준비를 하다가 잠깐 졸다 깨었더니 20년이 지나 직장에 다니고 있었고, 그동안 아내와 두 자녀가 생긴 겁니다."

그렇습니다. 인생은 너무 빠르게 지나갑니다. 잠깐 졸다보면 40세이고, 또 조금 졸다보면 60세입니다. 조금 더 있으니 종점이라며 다 내리라고 합니다. 정말 화살같이 빠릅니다. 세월은 한 번 지나가면 되찾을 수 없습니다. 그러므로 우리에게 주어진 하루를 보람 있게 살아야 합니다. 잘못하면 보람 있는 일을 하나도 못하고 하차할 수도 있습니다. 후회는 항상 나중에 찾아옵니다. 촌음을 아껴 사용하십시오. 시간이 최고의 자산입니다.

이제 한 해를 마감하고 새해를 준비해야 할 때입니다.

성경은 말씀합니다.

"세월을 아끼라 때가 악하니라"(엡 5:16)

05

시간은 다시 돌아오지 않습니다

우리는 시간의 청지기입니다. 주님께서 우리에게 맡기신 시간을 규모 있게, 그리고 하나님의 영광을 위해 촌음이라도 아껴 잘 사용해야 합니다. 한 번 지나간 시간은 다시는 돌아올 수 없기 때문입니다.

벌써 한 해가 저물어 갑니다. 지나간 시간은 다시는 돌아오지 않습니다. 지나가는 시간 속에서 하루하루 최선을 다해야 합니다.

이런 글이 있습니다. "1년의 가치를 알고 싶다면 낙제하거나 학점을 받지 못한 학생에게 물어보세요. 한 달의 가치를 알고 싶다면 미숙아를 낳은 어머니를 찾아가 물어보세요. 한 주의 가치는 신문 편집자들이 잘 알고 있을 것입니다. 하루의 소중함을 알고 싶다면 자녀가 열 명 딸린 날품팔이에게 물어보세요. 한 시간의 가치가 궁금하면 결혼식을 기다리는 신랑신부나, 사랑하는 이를 기다리는 사람에게 물어보세요. 1분의 소중함을 알고 싶다면 기차를 놓친 승객에게 물어보세요. 1초의 소중함을 알고 싶다면 사고에서 구사일생으로 살아남은 생존자에게 물어보세요. 0.001초의 소중함을 알고 싶다면 올림픽 경기에서 은메달을 딴 선수에게 물어 보십시오."

우리는 매일 아침마다 86,400초를 부여받습니다. 버려진 시간은 그냥 사라질 뿐입니다. 나머지는 없습니다. 더 많이 사용할 수도 없습니다. 건강과 행복과 성공을 위해 최대한 사용할 수 있을 만큼 뽑아 쓰십시오.

성경은 말씀합니다.

> "우리의 연수가 칠십이요 강건하면 팔십이라도 그 연수의 자랑은 수고와 슬픔 뿐이요 신속히 가니 우리가 날아가나이다"(시 90:10)

06

기도할 수 있는데 왜 하지 않습니까

주님은 우리의 기도를 기다리십니다. 기도는 우리의 특권이자 무기입니다. 기도는 하나님과 그의 자녀와의 사귐입니다. 주님은 우리의 기도를 들으시고 반드시 응답하십니다. 그렇기 때문에 기도해야 합니다.

히스기야는 기도하는 왕이었습니다. 재임 29년 국제정치는 혼란스러웠습니다. 북왕국 이스라엘이 앗수르에 멸망할 때였습니다. 이때 히스기야 왕은 위독한 병에 걸렸습니다. 하나님의 말씀을 받은 이사야 선지자는 "당신은 이 병으로 죽을 것이라"는 예언을 하고 돌아갔습니다. 그러자 히스기야가 얼굴을 벽으로 향하고 통곡하며 기도하기 시작했습니다. 히스기야는 절망적인 소식을 들었으나 기도하자 즉각 하나님께서 응답하셨습니다. "내가 네 기도를 들었고 네 눈물을 보았노라. 15년을 더 살겠고 이 성도 보호해 주리라. 그 증거로 해 그림자가

10도를 물러가게 하리라." 하나님은 히스기야의 눈물의 기도에 응답하셨습니다. 또한 히스기야의 생명을 연장시켜 주신다는 증표로 하늘의 해를 움직이는 놀라운 표적도 덤으로 주셨습니다.

기도는 하나님의 보좌를 움직이게 하는 힘입니다. 기도는 온 우주의 질서도 바꾸어버립니다. 참으로 기도는 위대한 힘이 있습니다. 기도는 우리의 소망입니다. 우리는 열심히 기도해야 합니다.

우리가 애창하는 복음성가입니다. "기도할 수 있는데 왜 걱정하십니까? 기도하면서 왜 염려하십니까? 기도할 수 있는데 왜 실망하십니까? 기도하면서 왜 방황하십니까? 주님 앞에 무릎꿇고 간구해 보세요. 마음을 정결하게 뜻을 다하여 기도할 수 있는데 왜 걱정하십니까? 기도하면서 왜 염려하십니까?"

성경은 말씀합니다.

> "내가 네 기도를 들었고 네 눈물을 보았노라 내가 네 수한에 십 오 년을 더하고 너와 이 성을 앗수르 왕의 손에서 건져내겠고 내가 또 이 성을 보호하리라"(사 38:5-6)

07
기도의 응답은 반드시 있습니다

'기도는 응답'이란 말이 있습니다. 하나님의 시간에 가장 좋은 것으로, 그리고 반드시 주십니다.

오래 전 뉴잉글랜드 동부 연안의 한 작은 항구의 동네 남자들이 모두 물고기를 잡으로 떠났습니다. 그런데 오후가 되자 갑자기 큰 폭풍우가 들이닥치더니 번개와 비바람까지 거세게 몰아쳤습니다. 그리고 저녁 무렵에는 돌아와야 될 어부들이 아무도 오지 않습니다. 어촌 아낙네들은 모래밭에 모여 통곡을 하며 하나님께 부르짖어 기도했습니다. "하나님이여, 우리 마을 남자들이 돌아오게 해주십시오." 그런데 밤중이 되어도 아무런 소식도 없고 폭풍우는 점점 거세지기만 했습니다. 설상가상으로 동네에 화재까지 났습니다. 동네에 장정들이 없으니 불은 삽시간에 이 집에서 저 집으로 화염이 충천하여 온 마을이 불기둥이 되었습니다. 아낙네들은 또 땅을 치며 울면서

"하나님, 우리를 이렇게 버리십니까? 남자들은 폭풍우로 인해 바다에서 다 죽고, 이제 우리가 살아가야 할 터전인 집들마저 불에 탔으니 우리는 어떻게 합니까?" 하며 밤새도록 통곡했습니다. 그런데 아침이 되자 폭풍이 가라앉고 놀랍게도 바다로 나갔던 남자들이 항구로 돌아왔습니다. 그들은 자신들을 눈물로 기다리던 부인들을 얼싸안고 기쁨의 눈물을 흘리며 "하나님이 우리 기도를 응답해 주셨다"고 소리쳤습니다.

그들이 어떻게 살아 돌아왔을까요? 폭풍우를 만나 망망대해에서 표류할 때 그들은 부르짖었습니다. "하나님이여, 우리가 어디로 가야 할 지 알 수 없습니다. 날은 어둡고 방향을 잃었으니 우리는 죽을 수밖에 없습니다. 부디 하나님께서 우리의 갈 길을 보여 주십시오." 그렇게 부르짖을 때 마침 해안에서 불기둥 같은 충천한 광채가 나타난 것입니다. 그 광채는 그 시각 그 동네에서 발생한 화재였습니다. 그들은 그 불길을 바라보고 방향을 잡고 결사적으로 항해한 결과 무사히 항구에 도착하게 된 것입니다.

하나님은 바로 그 동네에 불이 나게 하셔서 불기둥을 통해 소망의 등대를 삼아 난파한 어선들이 돌아올 수 있게 비춰 준 것입니다. 간절한 기도는 반드시 응답이 있습니다.

예수님은 말씀하셨습니다.

> "너희가 악한 자라도 좋은 것으로 자식에게 줄줄 알거든 하물며 하늘에 계신 너희 아버지께서 구하는 자에게 좋은 것으로 주시지 않겠느냐"(마 7:11)

08

기도하는 손

　친구를 위해 기꺼이 자신을 희생할 수 있다는 것은 참으로 아름다운 일입니다. 한 친구의 아낌없는 희생이 가져다 준 감동스런 이야기를 소개코자 합니다.
　1490년 경, 아주 절친한 가난한 두 젊은 화가가 있었습니다. 한 사람은 뒤러였고, 다른 한 사람은 프란츠 나이스타인이었습니다. 두 사람은 너무 가난하여 생계를 위해 일을 하면서 틈틈이 그림을 그려야 했습니다. 그러나 얼마 지나지 않아 두 가지 일을 겸할 수 없다는 것을 알고 상의했습니다. 그리고 제비를 뽑아 한 사람이 돈을 벌어서 다른 사람을 돌봐주기로 결정했는데 나이스타인이 일하게 되었고 뒤러는 그림을 공부하게 되었습니다. 뒤러는 유명한 화가의 지도로 공부하게 되었고 나이스타인은 친구의 학비를 마련하기 위해 더욱 열심히 일했습니다. 드디어 뒤러는 유명한 화가가 되어 돈도 많이 벌게 되었습니다. 그 후 뒤러는 친구에게 진 빚을 갚기 위해 돌아와 친구를 미술학교에 보내어 그림을 배우게 했습니다. 그러나 그 친구는 오랫동안 육체노동을 했기 때문에 손이 굳어서 그림을 그릴 수 없었습니다. 나인스타인은 친구를 위해서 일하다가 자신의 꿈을 포기해야만 했습니다.

뒤러는 이 사실을 알고 마음이 아팠습니다. 그러던 어느 날, 뒤러는 자신의 친구가 두 손을 모아서 기도하는 모습을 보았습니다. 기도하는 그의 손은 상처투성이였지만 친구를 위해서 희생한 그 손으로 기도하는 그의 모습은 너무나도 아름다웠습니다. 뒤러는 그 순간을 정성스럽게 스케치하여 「기도하는 손」이라는 유명한 그림을 그렸습니다. 이 작품은 수많은 사람들에게 많은 감동을 주었습니다.

세상에서 가장 아름다운 것은 기도하는 손입니다. 친구와 이웃을 위해 기도할 때 그 손은 가장 아름다운 손이 됩니다. 우리의 기도를 기다리는 영혼들이 너무도 많습니다. 우리도 손을 모아 기도합시다.

예수님은 말씀하셨습니다.

> "너희 중에 누가 아들이 떡을 달라 하면 돌을 주며 생선을 달라 하면 뱀을 줄 사람이 있겠느냐 너희가 악한 자라도 좋은 것으로 자식에게 줄줄 알거든 하물며 하늘에 계신 너희 아버지께서 구하는 자에게 좋은 것으로 주시지 않겠느냐"(마 7:9-11)

09

감사는 삶의 원천입니다

범사에 감사하는 생활을 합시다. 감사하는 자에게 더 큰 감사의 제목이 생깁니다.

물을 연구했던 일본의 에모토 마사루는 물에도 눈(雪)처럼 결정체가 있다며, 물에 베토벤 교향곡 '전원'을 들려주었더니 물의 결정이 맑고 아름답게 정돈된 형태를 보였다고 합니다. 반대로 분노와 반항의 언어로 가득 찬 '헤비 메탈' 곡을 들려주었더니 제각각 깨진 형태를 띠었다고 합니다. 동시에 '감사'나 '사랑'과 같은 말을 들려주면 물의 결정이 아름답지만, '욕설, 불평, 비난' 등의 언어를 들려주면 결정이 흐트러지거나 오그라들었다고 합니다. 말을 못하는 물이 이렇다면 하물며 우리 영혼이야 어떻겠습니까?

성경의 가르침은 항상 기뻐하고 감사하라는 것입니다. 'Wife'는 'Life'가 될 수 있고 'Knife'가 되기도 합니다. 뿐만 아니라 'Bed time'이 'bad time'이 되기도 합니다. 이 모든 것은 철자 한 두 개의 차이일 뿐입니다. 흥미롭게 별을 의미하는 'star'와 상처를 뜻하는 'scar'도 철자 한 개의 차이입니다. 그러므로 내게 주어진 환경을 저주(Curse)하면 상처(scar)만 남게 됩니다. 하지만 모든 일에 감사(Thanks)하면 기쁨의 별(star)이 됩니다. 이것이야말로 가장 놀라운 행복의 법칙입니다.

정신의학자 루이스 캐디는 자신의 저서에서 이런 말을 했습니다. "어떤 것에 대해서도 감사하지 않는다는 것은 하나님을 믿든 믿지 않든 자신 이외의 그 어떤 것에도 감사할 것이 없다는 말과 같다." 감사야말로 삶의 원천이 됩니다. 감사는 평범한 식탁을 생명의 잔칫상으로 만드는가 하면, 마음의 분노를 쉬게 하고 평화를 가져다 줍니다. 감사하는 순간 하늘의 소망이 열리고 내일에 대한 희망에 부풀어오르게 됩니다.

성경은 말씀합니다.

> "항상 기뻐하라 쉬지 말고 기도하라 범사에 감사하라 이는 그리스도 예수 안에서 너희를 향하신 하나님의 뜻이니라"(살전 5:16-18)

10

더 큰 감사생활

 감사를 생활화합시다. 감사에는 능력이 있습니다. 작은 것에 감사할 때 하나님은 더 큰 감사의 제목을 주십니다.

 영국 청교도의 위대한 설교자 스펄전 목사는 감사에 대하여 이렇게 말했습니다. "촛불을 보고 감사하면 전등불을 주시고, 전등불을 보고 감사하면 달빛을 주시고, 달빛을 보고 감사하면 햇빛을 주시고, 햇빛을 보고 감사하면 천국을 주신다." 소경 웰리암 문은 자기와 같은 소경들을 위하여 점자를 발명하고, 5백 여 방언을 이용하여 수 백 만의 소경에게 성경을 읽을 수 있도록 했습니다. 그는 하나님께 이렇게 기도했습니다. "하나님, 나는 소경이 되어 갖게 된 재능에 대해 당신께 감사합니다. 나로 하여금 그 재능을 투자하게 하여 주님께서 오실 때에 소유물의 높은 이자까지 붙여서 받을 수 있게 하여 주시옵소서."

우리는 더 많은 감사와 더 큰 감사를 해야 합니다. 그때 감사는 더욱 더 많아지고 축복이 넘칩니다. 이것이 감사의 생활입니다.

성경은 말씀합니다.

> "너희가 그리스도 예수를 주로 받았으니 그 안에서 행하되 그 안에 뿌리를 박으며 세움을 입어 교훈을 받은 대로 믿음에 굳게 서서 감사함을 넘치게 하라"(골 2:6-7)

11

형제의 사랑

 가정의 달 5월을 맞아 한 형제의 예를 통해 사라져 가는 가족애를 다시 한 번 생각해 보고자 합니다.
 잭 캘리라는 한 신문기자가 소말리아의 비극을 취재하다가 겪은 체험담이 있습니다. 기자 일행이 수도 모가디슈에 있을 때의 일입니다. 그 때는 기근이 극심할 때였습니다. 기자가 한 마을에 들어갔을 때 마을 사람들은 모두 죽어 있었습니다. 그 기자는 한 작은 소년을 발견했습니다. 소년의 몸은 온통 벌레에 물려 있었고, 영양실조로 배가 불룩했습니다. 머리카락은 빨갛게 변해 있었으며 피부는 한 백 살이나 된 사람처럼 보였습니다. 마침 일행 중의 한 사진기자에게 과일이 하나 있어서 소년에게 주었습니다. 그러나 소년은 너무 허약해서 그것을 들고 있을 힘마저 없었습니다. 기자는 그것을 반으로 잘라서 소년에게 주었습니다. 소년은 그것을 받아들고는 고맙다는 눈

짓을 하더니 마을을 향해 걸어갔습니다. 기자 일행이 소년의 뒤를 따라갔지만 소년은 그것을 의식하지 못했습니다. 소년이 마을에 들어섰을 때, 이미 죽은 것처럼 보이는 한 작은 아이가 땅바닥에 누워 있었습니다. 아이의 눈은 완전히 감겨 있었습니다. 이 작은 아이는 소년의 동생이었습니다. 형은 자신의 동생 곁에 무릎을 꿇더니 손에 쥐고 있던 과일을 한 입 베어 씹더니 동생의 입을 벌려 그것을 넣어주었습니다. 그리고는 동생의 턱을 잡고 입을 벌렸다 오므렸다 하면서 동생이 씹도록 도와주었습니다. 기자 일행은 그 소년이 자기 동생을 위해 보름 동안이나 그렇게 해 온 것을 나중에야 알게 되었습니다. 며칠 뒤 결국 소년은 영양실조로 죽었습니다. 그러나 소년의 동생은 끝내 살아남았습니다. 죽음 앞의 극한 상황에서도 자신보다 먼저 동생을 챙긴 형, 그 사랑 앞에 숙연해집니다.

각박한 사회 속에서 점점 멀어져 가는 우리 시대의 형제애를 다시금 돌아보게 됩니다. 가족의 중요성은 백 번을 말해도 과하지 않습니다.

성경은 말씀합니다.

> "형제가 연합하여 동거함이 어찌 그리 선하고 아름다운고"(시 133:1)

12

가정은 건물이 아닙니다

 5월은 가정의 달입니다. 오늘날 우리의 가정이 너무나 세속화, 물질화 되어 가는 듯합니다. 그러나 참으로 행복한 가정은 주님을 모신 가정입니다.

 미국의 자동차 왕 헨리 포드는 대기업을 일으킨 뒤 고향에 조그마한 집을 한 채 지었습니다. 그 집은 대기업 총수가 살기에는 아주 작고 평범한 집이었습니다. 주위 사람들은 걱정스럽게 포드에게 물었습니다. "이건 너무 초라하지 않나요? 호화롭지는 않더라도 생활에 불편하지는 않아야지요." 그러자 그는 얼굴 가득 미소를 띠며 대답했습니다. "가정은 건물이 아닙니다. 비록 작고 초라하더라도 예수님의 사랑이 넘친다면 그곳이야말로 가장 위대한 집이지요."

 지금도 디트로이트에 있는 헨리 포드의 기념관에 가면 우리는 이런 글을 볼 수 있습니다. "헨리는 꿈을 꾸는 사람이었고 그의 아내는 기도하는 사람이었다." 헨리 포드의 성공 이면에는 꿈꾸는 사람과 기도하는 사람이 함께 이룬 아름다운 가정이 있었습니다. 가정은 건물이 아니라 그 속에 믿음과 기도가 있어야 합니다.

성경은 말씀합니다.

> "여호와를 경외하며 그 도에 행하는 자마다 복이 있도다 네가 네 손이 수고한 대로 먹을 것이라 네가 복되고 형통하리로다"(시 128:1-2)

13

칭찬의 힘

"말 한 마디로 천냥 빚을 갚는다"는 우리나라의 속담도 있듯 이처럼 말의 위력은 대단합니다. 말 한 마디가 삶을 변화시킬 수도 있습니다. 그렇다면 우리는 평소에 진실한 칭찬에 인색하지 말아야겠습니다.

미국의 루스벨트 대통령은 어릴 때 소아마비 장애가 이었습니다. 그는 의기소침해지고, 성격은 내성적으로 변했으며, 생활은 다른 사람들보다 뒤쳐졌습니다. 그러나 아버지의 칭찬 한 마디에 용기를 얻어 대통령까지 되었습니다. 그 칭찬은 "너는 할 수 있어"였습니다.

어려운 시대일수록 칭찬이 필요하고 힘들 때일수록 서로에게 격려가 필요합니다. 우리는 칭찬의 말을 하도록 노력해야 합니다. 칭찬이 입에서 떨어지지 않는다고 해서 멀찌감치 선 채 웃고만 있으면 도움이 안됩니다. 오히려 다른 사람들은 그 사람을 칭찬하는데 혼자 가만히 있으면 비웃는 것 같아 오해를 받을 수가 있습니다. 아무리 말주변이 없더라도 자신이 칭찬해주고 싶은 사람에게 칭찬의 말을 건넬 수 있는 용기가 있어야 합니다. 칭찬의 말은 반드시 길어야 할 필요는 없습니다. 정말 감동을 주는 말은 의외로 짧고 간단한 것이 될 수 있습니다.

예수님은 우리의 작은 일에도 칭찬하셨습니다.

> "잘 하였도다 착하고 충성된 종아 네가 작은 일에 충성하였으매 내가 많은 것으로 네게 맡기리니 네 주인의 즐거움에 참예할지어다"
> (마 25:21)

14

폭풍을 만날 때

　우리에게 다가오는 모든 시험과 환난을 피할 수 없으면 부딪혀 이겨야 합니다. 우리가 겪고 있는 폭풍이 지금은 힘들지라도 지나고 보면 바로 그 폭풍으로 인하여 우리의 신앙에 큰 진보가 있었음을 깨닫게 됩니다.

　폭풍이 올 때 닭과 독수리는 위험 앞에서 전혀 다른 반응을 보입니다. 폭풍이 오면 닭은 몸을 날개에 묻은 채 숨을 곳을 찾습니다. 그러나 독수리는 거대한 날개를 활짝 폅니다. 그리고 태풍에 몸을 싣고 유유히 날아올라 안전지대로 향합니다.

　인생의 폭풍을 만날 때에도 두 유형으로 나뉩니다. 고통스러운 일, 억울한 일, 괴로운 일이 닥치면 몸을 숨기는 '닭형 인간'이 있고, 사태를 해결하기 위해 담대하게 대처하는 '독수리형 인간'이 있습니다. 문제를 해결하는 것은 항상 '독수리형 인간'입니다. 일단 시련을 피하고 보자는 식의 인생 여정에는 고난의 가시밭길이 그치질 않습니다. 서양 속담에 "북풍이 바이킹을 만들었다"는 말이 있습니다. 사나운 바람으로 인해 조선술과 항해술이 발전했습니다. 모진 바람과 추위를 이겨내며 자란 나무는 좋은 목재가 됩니다. 인류의 역사는 담대하게 고통을 극복한 사람들에 의해 다시 쓰여집니다. 믿음은 우리를 나약한 닭에서 강한 독수리로 바꾸어놓습니다.

우리에게는 전능하신 주님의 팔이 있습니다. 폭풍우가 몰려와도 두려워하지 말고 주님을 의지하는 믿음으로 능히 극복합시다.

성경은 말씀합니다.

> "내가 네게 명한 것이 아니냐 마음을 강하게 하고 담대히 하라 두려워 말며 놀라지 말라 네가 어디로 가든지 네 하나님 여호와가 너와 함께 하느니라"(수 1:9)

15
하나님 안에서 절망이란 없습니다

우리는 하나님 안에서 결코 절망할 필요가 없습니다. 하나님을 확실히 믿고 의지하는 한 하나님은 우리의 모든 것이 되시기 때문입니다.

미국의 17대 대통령 앤드류 존슨은 일찍이 부모를 여의고 가난하여 정규 학교도 나오지 못한 보잘것없는 배경에서 성장했지만, 미국에 가장 큰 부를 가져다 준 대통령으로 기억되고 있습니다. 그것은 모든 사람의 반대에도 불구하고 알래스카를 구입했기 때문입니다.

알래스카는 미국의 1/5, 남한의 17배나 되는 엄청나게 넓은 땅입니다. 원래 이곳은 구 소련 땅이었는데 앤드류 존슨이 의회의 동의도 없이 당시 720만달러(한화 약 1백억원)에 구 소련으로부터 구입했습니다. 의회가 대통령을 소환해 알래스카를 사들인 것에 대해 공격하자, 공동 조사단을 구성해 알래스카에 탐사를 보낸 후 책임질 일이 있으면 지겠다고 했습니다. 탐사단은 아이스박스에 불과하다는 알래스카를 탐사하면서 세계에서 가장 많은 양의 석유, 순금, 백금 등 헤아릴 수 없는 지하자원과 엄청난 어류, 산림자원을 발견했습니다. 그곳은 지구상에서 가장 많은 천연자원이 묻힌 보물 창고였습니다. 모든 매스컴은 앤드류 존슨이 아이스박스가 아닌 황금박스를 거저 얻었다고 대서특필을 했습니다.

비난의 공격 속에서도 침착함을 잃지 않았던 앤드류 존슨에게는 소중한 신조가 있었습니다. "어떤 시련이 있어도, 환경이 아무리 불리해도, 하나님 안에서 절대로 절망하지 않는다." 결국 그런 자세가 자신은 물론 조국의 역사에 길이 남을 훌륭한 업적을 남길 수 있게 했습니다. 그 힘의 원천은 바로 '하나님 안에서 절대로 절망하지 않는다'는 신념이었습니다. 하나님을 의지하는 사람은 결코 절망하지 않습니다. 하나님은 그를 의지하고 신뢰하는 자에게 결코 실망시키지 않으십니다.

성경은 말씀합니다.

"오직 여호와를 앙망하는 자는 새 힘을 얻으리니 독수리의 날개치며 올라감 같을 것이요 달음박질하여도 곤비치 아니하겠고 걸어가도 피곤치 아니하리로다"(사 40:31)

16
연약할 때 강하게 되는 인생

 공평하신 하나님은 모든 사람들에게 강점과 약점을 고루 주셨습니다. 하나님께서 우리에게 약점을 주신 것을 감사합시다. 그로 인해 하나님을 더 의지하게 되며, 그로 인해 하나님의 영광이 드러나게 되기 때문입니다.

 이스라엘에 위대한 여성 총리가 있었습니다. 그녀는 1967년 이스라엘 총리로서 연립 내각을 이끌었던 정치가였습니다. 그녀는 중동 평화를 위해 많은 노력을 하며 애를 썼습니다. 누구보다도 열심히 살았으며 국민들이 잘 살 수 있도록 최선을 다했습니다. 그녀의 이름은 골다 메이어입니다. 그런 그녀에게도 아픔이 있었다는 사실을 그 당시에는 아무도 몰랐습니다. 그녀가 세상을 떠난 지 12년이 지나서 백혈병을 앓았었다는 사실을 알게 되었습니다.

 골다 메이어 총리는 자기의 약점에 대해 이렇게 말했다고 합니다. "저는 제 얼굴이 못생긴 것을 참으로 감사하게 생각합니다. 저는 일반적인 다른 사람과 비교했을 때 너무 못생겼기에 열심히 기도했고, 공부도 최선을 다했습니다. 이런 연약함은 나에게 뿐 아니라 이 나라에도 무한한 도움을 주었습니다. 우리의 약점과 실망은 곧 하나님의 부르심입니다."

사람은 누구나 약점이 있기 마련입니다. 그리고 자기의 연약함과 비천함을 깨닫기 전까지는 참으로 하나님을 믿고 의지하지 않게 됩니다. 연약함과 부족함을 깨달을 때 하나님을 의지하게 되고, 거기에 하나님의 능력이 머물게 됩니다. 자신의 연약함과 부족함을 깨닫고 믿음 안에서 절망할 줄 아는 사람은 큰 은혜를 받은 사람입니다. 축복을 많이 받고 존귀한 위치에 서라도 깊이 절망을 느끼며 사는 자는 계속 축복을 누릴 사람입니다.

성경은 말씀합니다.

> "하나님께서 세상의 미련한 것들을 택하사 지혜 있는 자들을 부끄럽게 하려 하시고 세상의 약한 것들을 택하사 강한 것들을 부끄럽게 하려 하시며 하나님께서 세상의 천한 것들과 멸시받는 것들과 없는 것들을 택하사 있는 것들을 폐하려 하시나니 이는 아무 육체라도 하나님 앞에서 자랑하지 못하게 하려 하심이라"(고전 1:27-29)

17

환란 가운데서도 찬양합시다

하나님은 항상 우리와 함께 하십니다. 임마누엘의 하나님을 찬양합시다. 그리고 찬양의 기적을 체험해 봅시다.

오래 전 영등포시장에 대 화재가 났을 때의 일입니다. 문득 얼마 전 철도청에 근무하던 남편을 여의고 어린 3남매를 양육하며 시장에서 장사를 하는 여 집사님 생각이 나 가봤더니 불길이 그 집사님의 집을 향해 맹렬히 옮겨 붙고 있었습니다. 그런데 그 처참한 광경을 눈앞에 두고도 그 집사님은 고요히 찬송을 부르고 있었습니다. 미8군의 소방차가 동원되고 장성들도 나왔는데 미군 장성 한 명이 "저 여인은 무엇을 하고 있소?" 하고 물었습니다. 옆에 있던 목사님이 그 여인은 크리스천인데 자기 집이 불타는 것을 보면서도 찬송을 부르고 있다고 말했습니다. 감복한 미군 장성은 "저 여인의 집을 내가 지어주겠소." 하고는 몇 만 불을 희사할 뜻을 밝히고 약속대로 신설동에 크고 우람한 빌딩을 지어주었습니다.

하나님은 환란 가운데서도 찬양하는 신앙을 기뻐하시며 반드시 놀랍게 역사하십니다. 우리는 어떤 어려운 일을 만나도 능히 역사하시는 하나님을 찬양해야 하겠습니다. 찬양은 모든 헌신 가운데 최고이며 믿음의 진정한 증거입니다. 하나님 앞에서 찬양을 잘 드리는 것은 짐승을 잡아 제사를 드리는 것 보다도 하나님이 더 원하시는 행위입니다. 찬양의 능력을 체험합시다.

성경은 말씀합니다.

> "내 영혼아 여호와를 송축하라 내 속에 있는 것들아 다 그 성호를 송축하라"(시 103:1)

18

기회를 놓치지 마십시오

우리에게는 수시로 좋은 기회들이 오갑니다. 하루하루 하나님의 말씀에 순종하며 살아갈 때에 모든 것이 합력하여 선을 이루시는 하나님께서 우리에게 최선의 것으로 채워주실 것입니다.

시카고에 사는 한 부자가 소아마비를 앓고 있는 아들을 고치기 위해 오스트리아의 전문의인 로렌스 박사를 초빙했습니다. 로렌스 박사가 정성스레 이 아들을 치료하여 건강이 회복되었다는 소식이 신문에 크게 보도되었습니다. 같은 마을에 사는 한 소년도 부잣집 아들과 같은 병을 앓고 있었는데 로렌스 박사를 만나보기를 소원했으나 어려운 처지라 포기해야 했습니다. 어느 날 로렌스 박사는 산책하다가 갑자기 비를 만나 이 소년의 집에 잠시 들러 쉬기를 청했지만 로렌스 박사인 줄 몰랐던 소년의 어머니가 냉대하며 거절함으로 병을 고칠 수 있는 절호의 기회를 놓치고 말았습니다. 나중에 이 어머니는 자신이 쫓아 보낸 사람이 로렌스 박사였음을 알고 후회했으나 이미 때는 늦었던 것입니다.

구원받을 기회, 선을 행할 기회를 놓치지 말아야 합니다. 우리는 매일 다른 사람을 도울 수 있는 작은 새로운 기회들을 만나고 있습니다. 우리 앞에는 불우한 이웃을 돕고 봉사할 수 있는 기회가 주어져 있습니다. 기회가 있는 대로 모든 이에게 사랑을 베풀고 착한 일을 해야 합니다.

성경은 말씀합니다.

"그러므로 우리는 기회 있는 대로 모든 이에게 착한 일을 하되 더욱 믿음의 가정들에게 할지니라"(갈 6:10)

19

예배는 중요합니다

하나님의 백성들에게 우리에게 있어서 주일이 얼마나 중요하며, 주일을 소홀히 여기는 것이 얼마나 어리석은 가를 깨우쳐 주는 한 예화를 소개합니다.

두 사람의 마부가 수레에 짐을 싣고 먼 여행을 떠났습니다. 한 사람은 주일이 되자 말과 하루를 쉬면서 예배도 드렸습니다. 그러나 또다른 사람은 '하루를 쉬면 얼마나 손해가 많은가?' 생각하고 계속 말을 몰아 목적지를 향했습니다. 그런데 도착할 때까지 주일마다 꼬박꼬박 쉬면서 예배를 드린 믿음을 가진 마부가 목적지에 먼저 도착했습니다. 그러나 예배도 드리지 않고 계속 마차를 몰았던 마부는 말도 마차도 없이 기진맥진하여 빈 몸으로 도착했습니다. 이 마부는 쉬지 않고 계속해서 말을 몰았기 때문에 말도 병이 나고, 마차도 고장이 나서 겨우 몸만 도착했던 것입니다.

신앙심이 깊은 어떤 흑인이 어느 주일에 교회에 가려고 일어섰습니다. 그러자 주위의 사람들이 날씨도 춥고 비도 오니까 쉬라고 만류했습니다. 이 흑인은 류머티즘으로 고생하고 있었기 때문입니다. 흑인은 친구들의 만류를 뿌리치며 말했습니다. "나는 반드시 교회에 가야 한다네. 하나님의 은총이 오늘 예배드리는 순간에 내려올 지 어떻게 아나? 나는 그 은총을 놓칠 수가 없다네." 그는 건강한 신앙인이었습니다.

우리는 주일의 축복을 누려야 합니다. 하나님께서 인간에게 복을 주시기 위해서 특별히 구별하신 거룩한 날이 바로 주일이기 때문입니다. 이 날에 드리는 예배를 주님은 기뻐하시며 축복하십니다.

우리가 애창하는 찬송가 57장입니다.

1. 즐겁게 안식할 날 반갑고 좋은 날 내 맘을 편케 하니 즐겁고 기쁜 날
   이날에 천하만민 다 보좌 앞에서 참되신 삼위일체 거룩타 부르네
2. 이날에 하늘로써 새 양식 내리네 성회로 모이라고 종소리 울리네
   복음의 밝은 빛은 온 세상 비치며 또 영생물이 흘러 시원케 하시네
3. 이 안식 지킴으로 새 은혜 입어서 영원히 쉬는 곳에 다 올라갑시다
   성부께 찬미하고 성자와 또 성령 참되신 삼위일체 찬송할지어다 –아멘

20
지혜로운 자로 살아야 합니다

사람은 지혜가 있어야 합니다. 지혜는 힘입니다. 지혜로운 자는 세상을 가진 자보다 더 부유합니다. 여호와 하나님 그분에게는 모든 것이 있습니다.

독일 베를린의 막스 플랑크 교육연구소가 15년 동안 1천 명을 대상으로 나이와 지혜의 연관성을 연구했는데, 오랜 연구를 통해 지혜로운 사람들이 갖는 몇 가지 공통점을 찾아냈습니다. 지혜로운 사람들은 대부분 역경을 극복했거나 고난을 경험한 적이 있었습니다. 가난한 환경에서 자란 사람들과 일찍 인생의 어두운 단면을 체험한 사람들이 평탄한 삶을 살아온 사람보다 훨씬 지혜로웠습니다. 또한 개방적이고 창조적인 사람들이 나이가 들수록 점점 지혜의 빛을 발합니다. 연구소는 인생의 문제를 깊이 생각하는 사람들이 지혜를 얻는다고 발표했습니다. 그러나 고집이 세고 괴팍한 사람들은 나이가 들수록 지혜와 신용을 잃는다고 경고합니다.

지혜로운 자가 되려면 좋은 환경을 택할 줄 알아야 합니다. 여기서 말하는 좋은 환경은 부유하고 편하고 윤택한 환경이 아닙니다. 좋은 환경은 지혜를 터득할 수 있는 환경을 말합니다. 지혜를 터득할 수 있는 환경이란 지혜의 근원이 되신 하나님과 말씀을 가까이 할 수 있는 환경입니다. 그리고 말씀의 사람과 만나 교제함으로 이루어집니다.

성경은 말씀합니다.

> "여호와를 경외하는 것이 지식의 근본이어늘 미련한 자는 지혜와 훈계를 멸시하느니라"(잠 1:7),

> "지혜를 얻는 것이 금을 얻는 것보다 얼마나 나은고 명철을 얻는 것이 은을 얻는 것보다 더욱 나으니라"(잠 16:16)

21
사랑은 인내하면서 희망을 가지는 것입니다

　진실한 사랑은 사람의 마음을 감동시키며 삶을 변화시킵니다. 한 어머니의 자녀에 대한 사랑과 인내를 통해 어머니의 사랑의 위대성을 발견할 수 있습니다.
　열 여섯 살 소녀가 아이를 낳았습니다. 아버지는 아이가 태어난 지 며칠 만에 어디론가 사라졌습니다. 아기는 젊은 어머니 품에서 자랐습니다. 그는 거칠고 난폭했으나 운동에는 탁월한 소질을 보였습니다. 고교시절에는 폭력사건에 휘말려 4개월 동안 교도소에 수감된 적도 있었습니다. 아이는 장성해 미국 프로농구에 진출했습니다. 그러나 걸핏하면 동료들과 분쟁을 일으키고 훈련에 자주 불참해 '코트의 악동'으로 불렸습니다. 사람들은 그에게 희망을 걸지 않았으나 어머니는 끊임없이 아들을 격려했습니다. 어머니는 경기장을 찾아가 아들에게 붉은 장미를 선물하며 지극한 사랑을 보여주었습니다. 작은 키와 왜소한 체격의 이 선수는 자신을 위해 기도하며 헌신하는 어머니를 기쁘게 해드리기 위해 경기장에서 펄펄 날았습니다. 지금 그는 미 프로농구 최고의 선수로 불립니다. 이 사람이 바로 앨런 아이버슨입니다. 그의 화려한 플레이와 인기는 대단합니다.

어머니는 자녀에게 반딧불 만한 희망만 있어도 그것을 믿고 끝까지 인내합니다. 사랑은 희망입니다. 사랑은 인내입니다. 사랑은 어떤 절망적인 환경에서도 희망을 가지게 하는 위대한 힘입니다.

성경은 말씀합니다.

> "사랑은 오래 참고 사랑은 온유하며 투기하는 자가 되지 아니하며 사랑은 자랑하지 아니하며 교만하지 아니하며 무례히 행치 아니하며 자기의 유익을 구치 아니하며 성내지 아니하며 악한 것을 생각지 아니하며 불의를 기뻐하지 아니하며 진리와 함께 기뻐하고 모든 것을 참으며 모든 것을 믿으며 모든 것을 바라며 모든 것을 견디느니라"(고전 13:4-7)

22 고난의 산물

하나님께서 우리에게 주시는 모든 고난은 우리의 신앙을 더욱 더 성장시키고 복을 주시기 위해서입니다. 주님의 십자가의 고통이 있은 뒤에 부활의 영광이 있었습니다.

어느 대학의 교수가 학생들에게 물었습니다. "남자는 알코올 중독자로 가구를 내다 팔아 술을 마시고, 술을 마실 돈이 없으면 아내를 두들겨 팹니다. 게다가 그 아내는 폐결핵에 걸려 콜록거립니다. 그들은 셋방살이를 하는 형편입니다. 그런데 아내가 임신을 했습니다. 여러분에게 묻겠는데……." 그때 한 학생이 재빠르게 손을 들고 일어나 단호하게 대답했습니다. "낙태시켜야 합니다." 대학 교수가 말했습니다. "자네는 금방 베토벤을 죽였네."

베토벤을 낳은 어머니는 그가 어렸을 때 지병인 폐결핵으로 죽었습니다. 그는 11세부터 극장을 돌며 구걸하여 예술을 해야만 했습니다. 또한 그는 서른 살 때 음악가의 생명인 귀를 잃었습니다. 그의 음악은 강한 주제를 지니고 있으며 대부분 끝부분에서는 환희를 노래합니다. 고통의 산물이기 때문입니다. 그의 고백대로 그는 '괴로움을 뚫고 나가서 기쁨을 발견'한 것입니다. 베토벤은 나이가 들고 성공할수록 깊은 신앙의 세계에 빠져들었습니다. 신앙이 그를 모든 파괴적이고 체념적인 불행의 조건에서 구출하여 높은 경지로 인도한 것입니다.

고난은 불행과 동의어가 아닙니다. 오히려 고난은 신앙과 만날 때 가치와 행복의 어머니가 됩니다. 고난은 맞서서 이기고 죄는 피해서 이기라는 말이 있습니다. 하나님은 고난을 통해 우리에게 유익을 주시는 사랑의 하나님이십니다.

성경은 말씀합니다.

> "고난 당한 것이 내게 유익이라 이로 인하여 내가 주의 율례를 배우게 되었나이다"(시 119:71)

23
믿음은 우리의 안전그물입니다

　우리에게 믿음이 없다면 우리는 한시도 살아갈 수 없습니다. 믿음은 모든 마음의 고통과 불안을 떨쳐 내고 평안한 삶을 살게 합니다.
　샌프란시스코의 금문교는 유명한 관광명소입니다. 이 다리의 공사는 어렵고 위험했습니다. 이 다리를 공사할 때 다리가 너무나 높고 위험하여 기술자들은 늘 마음이 불안했습니다. 일을 하다가 밑을 보게 되면 현기증이 일어나 불안과 공포심이 생겼습니다. 그뿐 아니라 다리도 부들부들 떨리고, 일의 능률도 오르지 않았습니다. 결국 공사 도중에 다섯 명이나 바다로 추락하는 사고가 발생했습니다. 샌프란시스코 시 당국에서는 기술자들의 안전을 위해 여러 가지 방법들을 생각했습니다. 그 중의 하나가 공사가 진행되는 아래 부분에 철사로 만든 그물을 치는 것이었습니다. 이렇게 공사장 아래 부분에 그물을 치자 신기하게도 그물 위에조차 떨어지는 사람이 없었습니다. 왜냐하면 그물이 처져 있으므로 떨어져도 바다에는 떨어지지 않는다는 확신 때문에 안심하고 일할 수 있었기 때문입니다. 부들부들 떨리던 다리가 떨리지 않게 되고, 불안하던 마음이 가라앉고, 공포감이 사라졌습니다. 그 뒤부터 일도 잘 할 수 있었고 다치는 일도 없었다고 합니다.

이 안전그물이 바로 믿음입니다. 하나님이 내 생을 지배하시고, 나를 인도하시며, 나와 함께 동행하신다는 이 믿음이 안전그물입니다.

성경은 말씀합니다.

> "너의 길을 여호와께 맡기라 저를 의지하면 저가 이루시고 네 의를 빛 같이 나타내시며 네 공의를 정오의 빛 같이 하시리로다"(시 37:5-6)

24

믿음은 즉각 순종하는 것입니다

    뒤로 미루는 습관은 우리의 삶을 후퇴하게 만듭니다. 지금 할 수 있는 일을 뒤로 미루면 대부분 그 일을 그르치는 경우가 많습니다. 뒤로 미루는 습관은 바로 마귀의 술책임을 우리는 알아야 합니다.

    믿음은 지체하는 것이 아닙니다. 믿음은 언제나 즉각 순종하는 것입니다. 우리의 믿음을 방해하는 사탄의 작전은 언제나 '내일부터 하라'는 것입니다. 성경도 "내일부터 읽어라, 기도도 차차 하라, 예배도 다음 주부터 드려라." 이것이 사탄의 전략입니다. 사탄은 하지 말라고 말하지 않습니다. 그러나 '다음에 기회가 되면' 하라고 유혹합니다. 다음에 하라, 천천히 하라, 내일부터 하라는 것은 언제나 우리의 믿음을 꺾고 후퇴하게 만듭니다. 믿음은 바로 행동에 옮기는 것입니다. 마음에 감동이 있으면 당장 하십시오. 말씀이 선포되면 즉각 순종하십시오. 기도해야 할 일이 있으면 당장 엎드리십시오. 죄가 깨달아지면 당장 회개하십시오.

가나의 혼인잔치에서 물 항아리에 가득 물을 부으라는 예수님의 말씀대로 즉시 부으면 포도주가 됩니다. 이것이 즉각 순종하는 믿음입니다. 하나님께서 모세에게 바다에 지팡이를 내밀라 하시면 그대로 내밀면 됩니다. 그때 홍해가 갈라졌습니다. 이것이 즉각 순종하는 믿음입니다. 믿음은 '신속성 훈련'입니다.

성경은 말씀합니다.

"너희가 진리를 순종함으로 너희 영혼을 깨끗하게 하여 거짓이 없이 형제를 사랑하기에 이르렀으니 마음으로 뜨겁게 피차 사랑하라"(벧전 1:22)

25

믿음은 단순합니다

믿음은 알고 믿는 것이 아니라, 단순히 성경 그대로를 믿으면 알게 되는 것입니다. 그리고 어린이처럼 단순한 믿음이 성장하게 됩니다. 왜 우리가 예수를 믿어야만 구원받을 수 있는지 따져보고 난 후 이해가 될 때 믿겠다고 한다면 그런 사람은 결코 구원받을 수 없습니다.

믿음은 복잡한 것이 아닙니다. 믿음은 아주 단순합니다. 믿음은 이론에 근거하지도 않습니다. 왜냐하면 언제나 하나님의 약속에 근거하기 때문입니다. 그러므로 약속을 이루시는 하나님을 믿는 그 자체가 믿음입니다. 단순하게 믿는 자의 믿음이 성장합니다. 그리고 그 단순성이 역사를 만들어내고 기적을 창출하는 것입니다. "주 예수를 믿으면 구원을 받는다"는 말씀을 그대로 믿으면 됩니다. 여리고 성을 함락하는 작전은 아주 단순했습니다. 하나님의 말씀대로 하루에 한 바퀴씩 엿새동안 돌고, 마지막 날에는 일곱 바퀴를 돌고 고함을 질렀습니다. 그 때에 여리고 성이 무너졌습니다. 이것이 믿음입니다. 믿음은 하나님의 말씀을 그대로 믿는 것입니다. '천국이 있다'고 단순히 믿으면 됩니다. 단순한 믿음은 말씀에 대항하지 않는 것입니다. 믿음은 말씀을 그대로 믿고 순종하는 것입니다. 믿음은 복잡한 것이 아니라 단순한 것입니다.

성경은 말씀합니다.

> "믿음은 바라는 것들의 실상이요 보지 못하는 것들의 증거니 선진들이 이로써 증거를 얻었느니라"(히 11:1-2)

A Beautiful Concession

1. 최고의 설날은 하나님께 예배드리는 날
2. 칭찬의 기술
3. 이렇게 전도합시다
4. 시신을 기증하고 떠난 '토스트 할머니'
5. '왕궁 = 행복궁'은 아닙니다
6. 버림받은 개들의 천사
7. 엄지공주의 소원
8. 진짜 인정받는 학력은
9. 인종 차별과 제노포비아(xenophobia)
10. 장기를 기증하고 떠난 빙상 스타
11. 세계 최고 부자들만의 자녀 교육법
12. 920억 놓고 간 천사, 2,200억 가로챈 타락녀(女)
13. 끊임없는 창조정신
14. 전장(戰場)에 핀 '사랑의 기적'

PART 2

목회서신

01

최고의 설날은 하나님께 예배드리는 날

설날은 우리나라 최대의 고유명절로 모든 사람들이 이 날의 추억을 가지고 있습니다. 그래서 힘들고 어려워도 설날을 기다리며 고향을 찾아 어른들에게 인사를 드리고 서로 덕담을 나누며 격려도 합니다.

'설', 또는 '설날'을 가리키는 한자어는 '정초(正初), 세수(歲首), 세시(歲時), 세초(歲初), 신정(新正), 연두(年頭), 연수(年首), 연시(年始)' 등이 있습니다. 우리가 흔히 느끼던 설날의 정취는 그 어떤 한자어보다 '설'이란 토박이말에서나 느낄 수 있습니다. 이러한 한자어와 설날 아침을 뜻하는 한자어 '원단(元旦), 원조(元朝), 정조(正朝), 정단(正旦)' 등의 말과 혼동해서는 안됩니다. 굳이 이런 어려운 한자를 쓰는 것 보다 '설날 아침'이란 말을 쓰는 것이 좋습니다.

'설'의 어원에 대해서는 여러 견해가 있습니다. 하나는 '나

이를 한 살 더 먹는'에서의 '살'에서 왔다고 합니다. 곧 '살'이 '설'로 된 것인데, 그 근거로 '머리(豆)'가 '마리'에서 왔다는 사실을 근거로 유추할 수 있음을 듭니다. 다음으로는 '장(場)이 선다'와 같이 쓰이는 '선다'의 '선'에서 왔다는 설도 있습니다. '설다(제대로 익지 않다), 낯설다, 설어둠(해가 진 뒤 완전히 어두워지지 않은 어둑어둑한 때)'의 '설'에서 왔다는 견해도 있습니다. 또 '삼가다, 조심하여 가만히 있다'는 뜻의 옛말 '섧다'에서 왔다는 견해도 있습니다. 첫째와 둘째 어원에 따르면, '설'의 의미는 새해 새날이 시작된다는 의미를 되새길 수 있고, 셋째 견해에서는 설날을 몸가짐에 그릇됨이 없도록 조심하는 날이라는 뜻의 '신일(愼日)'이란 어휘를 챙기게 됩니다. 한 해의 마지막 무렵을 흔히 '세밑, 세모(歲暮)'라고 합니다. 특히 설날의 전 날인 섣달 그믐을 가리킵니다. 아이들은 '까치 설날'이라 합니다. 옛말의 '설'은 '작은'이란 뜻입니다. 그러나 동지(24절기의 하나, 태양력으로 12월 22일 경)를 가리키는 '작은 설'과 혼동하면 안됩니다. 동지는 1년 중 낮의 길이가 가장 짧고 해(태양)의 힘이 가장 약화된 날입니다. 그 다음 날부터 낮이 시나브로 길어지므로 아마도 1년의 출발 기준으로 생각하여 '작은 설'로 삼았던 듯합니다.

설날을 맞이하여 많은 사람들이 고향을 찾아 부모, 형제, 친지를 만나 인사하며 좋은 시간을 보내는 것은 아름다운 우리의 풍속입니다. 하나님의 백성들도 설날을 뜻 있게 보내야 합니다. 설날로 인한 후유증도 막아야 합니다. 50대 여성들은 설과 같은 명절에는 가사노동으로 인한 척추질환 등의 명절 증후군으로 병원을 많이 찾게 되는데, 그 이유는 집중된 가사노동과 함께 폐경에 따른 호르몬 변화 때문인 것으로 분석됐습니다. 한편 '식품의약품 안전청'은 이날 예년에 비해 높은 기온으로 설 기간 동안 식중독 발생 가능성이 높다고 보고 안전한 식품 취급 요령과 건강기능식품을 올바르게 구입하는 것이 중요하다고 했습니다. 한편 설 음식 중 냉동식품이나 식육을 조리할 경우 내부까지 완전히 익히고, 채소 및 과일은 흐르는 물로 철저히 세척하고, 식중독의 주 원인균인 '노로 바이러스'를 예방하기 위해 식품을 조리할 때 85도에서 1분 이상 가열해야 한다고 강조했습니다.

그리고 연휴를 맞아 가족과 함께 안전하게 고향을 다녀오기 위한 사전 안전점검은 필수입니다.

① 졸음·방심운전, 안전 불감증으로 인한 추돌·접촉사고 및 정비불량입니다.
② 사전점검은 필수입니다.
③ 히터로 인한 졸음운전입니다.
④ 부인은 남편의 안전운전을 위한 동반자입니다.
⑤ 정체가 풀린 뒤 과속운전을 조심해야 합니다.
⑥ 지방도로 주행 시 5도 낮은 복병도로를 주의합니다.
⑦ 성묘 후 음복주 석 잔도 면허정지입니다. 성묘 후 음복주

도 음주운전 대상이며, 사고발생 시에는 치명적입니다.

⑧ 교통량 폭증으로 인한 수입차를 조심해야 합니다.

⑨ 교통사고 처리는 차분하게 하되 뜨내기 견인차를 경계해야 합니다.

⑩ 고속도로 휴게소에서는 선물 털이범을 조심해야 합니다.

그러나 설날을 가장 잘 보내는 것은 하나님께 예배드리는 일임을 잊으면 안됩니다. 주일에 예배를 드린 후에도 얼마든지 가족끼리 좋은 시간을 가질 수 있습니다. 설날도 중요하지만 주일을 지키는 것이 더 중요합니다. 우리를 창조하시고, 구원을 주시고, 축복의 근원이 되신 하나님께 경배하는 것이 가장 중요한 축제이자 우리의 사명이기 때문입니다.

성경은 말씀합니다.

"안식일을 기억하여 거룩히 지키라"(출 20:8)

2007. 2. 18.

02

칭찬의 기술

"칭찬은 고래도 춤추게 한다"는 말이 있습니다. 잘했을 때 칭찬하고 잘못했을 때 꾸중하는 것은 아이를 키우는 부모라면 하루에도 수 없이 겪는 일입니다. 하지만 아이들에게 어떻게 말해야 효과적일지 부모들은 늘 고민스럽기만 합니다. 아이들을 키우는 데에는 마음과 정성뿐 아니라 때로는 기술이 더 요구될 때가 있습니다. 잘했을 때 무조건적인 찬사를 아끼지 않는 일이나, 실수할 때 부모의 화난 감정을 그대로 드러내면 아이는 혼돈을 겪게 됩니다. 적절한 칭찬과 꾸중은 아이들로 하여금 어려서부터 사회에 통용되는 규칙에 적응하게 하고, 상황에 맞게 자율적인 선택을 할 수 있도록 도와줍니다. 가장 좋은 칭찬 방법은 그 내용을 구체적으로 말해 주고 결과보다는 과정에 관심을 기울이는 것이 좋습니다.

그러나 실제로 아이를 키우다 보면 칭찬할 일보다는 꾸중할 일이 더 많습니다. 그러나 꾸중도 중요한 교육임엔 틀림이 없습니다. 칭찬만 하면서 키울 수는 없습니다. 하지만 꾸중은 자녀 교육에 유익한 점이 많습니다. 꾸중이 꼭 필요하다고 판단될 경우에는 사전에 반드시 꾸중하려는 행동에 대해 여러 번 반복해서 가르쳐야 합니다. 꾸중할 때 역시 실수를 지적하는 것만으로 끝나는 것이 아니라, 더 나아가 올바른 행동까지 제안할 수 있는 부모의 현명함이 필요합니다. 교육 전문가들은 부모가 칭찬과 꾸중의 적절한 타이밍과 방법을 알아야 아이들에게 올바른 교육이 된다고 합니다.

한 여성 잡지에서 부모들을 위한 칭찬의 기술을 제시하고 있습니다.

① 똑같은 일을 반복해서 칭찬하지 않는다. 아이가 착한 일을 했을 때 당연히 칭찬을 해야 하지만 같은 일을 계속한다고 매번 칭찬을 반복할 필요는 없다. 이는 효과 없는 칭찬이 되고 말기 때문이다. 손님이 왔을 때 아이가 인사를 했다면 처음엔 칭찬해 주되, 또다시 인사를 한다고 되풀이해서 칭찬할 필요는 없다.

② 결과보다는 과정을 더 칭찬한다. 노력하는 과정이 얼마나 소중한지 아이들에게 가르치는 것이 중요하다. 예를 들어 아이가 시험에 1등을 했을 경우, 1등이라는 결과보다는 "지난 한

주간 공부를 열심히 했구나! 노력하는 네가 참 자랑스럽다"라고 얘기 해주는 것이 바람직하다.

③ 칭찬 받을 행동을 했을 때는 곧바로 칭찬해야 한다. 칭찬의 내용도 중요하지만 적절한 타이밍은 더욱 중요하다. 무엇보다 아이가 칭찬 받을 행동을 했을 때 즉시 칭찬하는 것이 가장 바람직하고 효과도 크다. 한참 지난 후 부모의 기분이 좋아졌을 때 칭찬하면 그 효과는 반감될 뿐만 아니라, 아이는 부모가 기분 좋을 때만 칭찬받을 수 있다고 잘못 생각할 수도 있기 때문이다.

④ '하지 말라'는 규칙을 지켰을 때도 칭찬해 준다. 많은 부모들이 간과하고 넘어가는 것이 하나 있다. 부모들이 자신이 정한 일을 아이가 따라주었을 때는 칭찬을 잘 하지만, 하지 말라고 한 일을 하지 않았을 경우는 그냥 넘어가는 경우가 많다. 아이의 잘못된 습관을 고치기 위해 '하지 말라'고 당부했을 경우, 아이의 행동을 관심 있게 지켜보다가 아이가 그런 행동을 하지 않을 때는 즉시 칭찬해 주어야 한다. 그래야 아이의 행동이 꾸준히 지속될 수 있다.

⑤ 칭찬의 이유를 반드시 설명한다. 칭찬을 할 때는 구체적인 이유를 얘기 해주는 것이 필요하다. 단순히 '잘했다'는 말보다는 어떤 이유로 자신이 칭찬을 받았는지 분명히 알 수 있도록 설명해 줘야 한다.

성경은 말씀합니다.

"아비들아 너희 자녀를 노엽게 하지 말고 오직 주의 교양과 훈계로 양육하라"(엡 6:4)

2007. 4. 15.

03
이렇게 전도합시다

　5월 전도축제를 앞두고, 모두 열심히 기도하는 가운데 사랑하는 사람들을 주님 앞으로 인도하기 위해서 굳게 마음을 먹고 있습니다. 전도에는 왕도가 없습니다. 그러나 참고할 것들은 많습니다. 아래의 사항들을 이용하여 전도해 봅시다.

　① 전도가 가능한 이웃이나 준비된 이웃을 머리에 그려봅니다. 전도는 성공한다고 생각하면 성공하지만 자신이 없으면 이미 실패한 것입니다. 이웃에 누가 살고 있고, 누가 전도 대상이 될 것인가를 끊임없이 그려가야 합니다.

　② 주도권을 잡고 사귑니다. 사회적으로 당신에게 반응하는 사람들이 바로 전도에 준비된 사람들임을 인식합니다. 상대방이 결단을 내릴 수 있는 분위기를 만드는 것이 중요합니다. 그러기 위해서는 시간과 노력이 필요합니다. 이웃에 관심을 기울이다가 친구가 된다면 좋은 기회를 만들어 줍니다.

③ 관계를 강화합니다. 이웃과 어떻게 사귈 것인지 하나님의 도우심을 간구합니다. 이름을 분명히 기억하고, 웃는 얼굴, 친절한 태도, 말을 잘 경청하는 자세가 중요합니다. 이야깃거리가 될 수 있는 것은 직업과 취미, 스포츠나 오락, 휴가, 자녀 문제, 집안 인테리어 등입니다. 그리고 필요할 때는 적극 도와야 합니다.

④ 가정에 초대합니다. 너무 요란스럽게 정찬을 준비할 필요는 없습니다. 정성이 담긴 음식과 사랑은 이웃과 우정을 맺게 하는 촉매가 됩니다. 초대 자리에서 신앙적인 이야기를 의도적으로 할 필요는 없습니다. 좋은 관계가 되도록 때를 기다립니다. 한 번으로는 안됩니다. 몇 년이 걸릴 수도 있고, 식사만 30회 이상을 해야 할지도 모릅니다. 다만 식사 때 하는 감사기도를 통해 크리스천임을 알리는 것은 바람직합니다.

⑤ 공동 관심사를 만듭니다. 어떤 일을 함께 할 때 관계가 급속도로 성장합니다. 이웃집에 갔을 때 그들의 관심이나 취미가 무엇인지 살펴봅니다. 그 집에 있는 물건들이 가족의 관심사를 말해주며, 대화를 시작할 수 있는 훌륭한 화젯거리가 될 수 있습니다. 스포츠나 취미, 클럽과 집 꾸미기 등의 화제로 교제의 폭을 넓힘으로써 공동 관심사를 만들 필요가 있습니다.

⑥ 공휴일을 잘 활용합니다. 크리스마스, 설날, 추석 등 휴일을 이웃과 관계를 키우는 좋은 기회로 활용합니다. 특히 혼자 사는 여성이나 편부모 가족 등 쓸쓸한 사람들에게 관심을 기

울일 때 그 효과가 높게 나타납니다. 공휴일은 우리의 사랑을 전도 대상자에게 특별히 표현할 수 있는 충분한 시간을 제공합니다. 아울러 편안히 쉬는 공휴일에는 사람들의 마음도 더 쉽게 열리기 때문입니다.

⑦ 어려운 사람을 돕습니다. 상처받은 사람을 돕는 것도 전도의 중요한 관건이 됩니다. 인생은 힘듭니다. 병이나 사랑하는 사람의 죽음, 결혼생활, 경제적 어려움 등의 문제가 있는 이웃을 돌아보고 도움으로써 그리스도의 사랑을 나타낼 수 있는 기회를 얻을 수 있습니다. 주의할 점은 우리 자신에게도 필요한 것이 있다는 것입니다. 문제가 전혀 없는 것처럼 행동하는 것은 오히려 진실성을 잃게 합니다. 도움을 줄 수 있는 태도는 가장 훌륭한 전도능력이 될 수 있습니다.

⑧ 책을 주는 자가 됩니다. 책은 가장 손쉬운 전도방법입니다. 이웃들에게 기독교 정서가 담긴 책, 또는 좋은 설교나 강의가 담긴 테이프를 선물하십시오. 비신자들에게 알맞은 양질의 책들을 골라 선물하는 것도 좋습니다. 미리 읽거나 들어보고 도움이 될 수 있는 것만 전달합니다. 전도는 창의성을 발휘해야 합니다.

⑨ 추수할 적당한 방법을 찾습니다. 우리가 소금과 빛의 역할을 할 때 영적 미끼를 뿌려야 합니다. 믿지 않는 친구들과 함께 시간을 보낼 때 그들의 관심사를 찾았다가 교제하는 가운데 관심을 표시하는 것이 바로 미끼를 뿌리는 것입니다. 대부

분 비신자들은 주일 아침예배에 참석하길 꺼리므로 이 '추수를 위한 도구' 행사에 초대하는 것이 좋습니다. 아울러 전도 성경공부 등의 모임은 효과적인 도구가 됩니다.

⑩ 구원을 위한 씨를 뿌리고 복음을 나눌 준비를 합니다. 이웃과 교제하는 가운데 복음 전파나 개인 간증의 기회가 있을 것입니다. 종교적 배경을 자연스레 질문하고 들어준 뒤 기독교에 대해 차분하고 논리적으로 설명해 줍니다.

성경은 말씀합니다.

> "너는 말씀을 전파하라 때를 얻든지 못 얻든지 항상 힘쓰라 범사에 오래 참음과 가르침으로 경책하며 경계하며 권하라"(딤후 4:2)

2007. 4. 29.

04
시신을 기증하고 떠난 '토스트 할머니'

 성균관대 정문 앞에 있는 포장마차에서 15년 동안 학생들에게 토스트를 팔았던 '토스트 할머니' 조화순(77)씨가 세상을 떠났다는 소식을 듣고 많은 학생들이 추모의 글을 올렸습니다.
 조 할머니는 1980년까지만 해도 서울 동대문시장에서 토목상가를 운영하며 부족함 없이 생활했습니다. 그러다가 남편이 퇴직 후 차린 수입 정수기 회사가 잘 되지 않아 가세가 급격히 기울자 그 때부터 파출부 생활을 시작했습니다. 그렇게 12년을 살던 92년 어느 날, 딸이 뇌종양으로 쓰러지자 파출부 벌이로는 딸의 치료비를 조달할 수 없어 그해 10월 말 성균관대 앞에 토스트 가게를 차렸습니다. 버는 돈은 많아야 한 달에 100만원이었습니다. 지하 방세로 30만원, 딸 치료비로 50만원, 남는 돈으로 빠듯한 생활을 해왔습니다. 딸 박운자(여·37)씨가 겨울에 어머니를 찾아갔더니 보일러를 켜지 않은 차가운 방바

닥에 앉아 컵라면을 끓여 드시는 것을 보고 그날 모녀가 부둥켜안고 한참을 울었다고 했습니다. 힘든 생활이었지만 할머니는 주머니 사정이 어려운 학생에게는 두 배 크기의 토스트를 만들어 주는 정이 많은 할머니였습니다.

지난해 9월, 할머니가 갑자기 쓰러졌는데 원인은 담낭암이었습니다. 이미 암세포가 간까지 퍼져 수술이 어려운 상태라 병원에서 입원을 권유했지만, 할머니는 서울을 떠나 청주 꽃마을(장기요양 시설)에서 죽음을 기다렸습니다. 하지만 넉 달도 안 돼 할머니는 다시 성균관대 앞으로 돌아왔습니다. 평소 친하게 지내던 카페 모리 사장에게 '카페에서 학생들에게 토스트를 만들게 해달라'고 부탁했지만 딸의 만류로 다시 청주로 내려갔다가 세상을 떠났습니다. 장례식을 마친 할머니의 시신(屍身)은 가톨릭대 병원에 기증됐습니다. "내 몸뚱아리(장기‧臟器)를 필요로 하는 학생들에게 쓰도록 기증하라"는 할머니의 유언에 따른 것입니다. 딸이 전한 할머니의 유언에는 이런 글도 있었습니다. "너희도 시신을 기증했으면 좋겠다. 대신 교통사고는 당하지 말아라. 병으로 죽으면 쓸 수 있지만 사고로 몸이 망가지면 기증해도 쓸 수가 없다." "당신께서 만들어 주신 토스트와 잔잔한 미소와 따뜻한 말씀 한 마디 한 마디… 마음에 간직하겠습니다. (저 세상에서) 행복하세요." (ID‧피오) '총과 장미'란 ID를 가진 학생은 "토스트를 사 먹을 때마다 고운 미소로 대해 주시던 모습이 작은 몸으로 무거운 리어카를 힘겹게 끌고 가시던 뒷모습과 겹쳐 눈이 시큰해진다." 등의 추모의 글과, 성균관 대학교 인터넷 커뮤니티 '성대 사랑' 자유 게시판에는 '▶◀(온라인에서 조의(弔意)를 나타내는 이모티콘)'이 표시된 글들이 올라왔습니다. 성균관대 총학생회는 "성균관대는 토스트 할머니를 기억합니다"라고 쓰인 휴대전화 액정 클리너(액정 닦는 소재)를 중앙 도서관 앞에서 학생들에게 판매하여 그 수익금을 고아원과 양로원에 전액 기탁하기로 했습니다. 조 할머니는 자신의 토스트를 먹은 학생들뿐만 아니라 많은 사람들에게도 감동을 주는 삶을 살았습니다.

아무리 우리 사회가 정이 말랐다고 하나 아직도 이따금 감동을 주는 사람들이 나타나기도 하고, 알려지지 않은 곳에서 감동을 주는 삶을 사는 사람들이 있어서 우리 사회는 아름답고 소망이 있습니다. 감동을 주는 사람들의 공통적인 특징은 자신에게 주어진 환경에서 최선을 다한다는 것입니다. 또한 자신이 할 수 있는 능력 안에서 선을 베풀고 사랑을 실천합니다. 뿐만 아니라 정직하고 성실하게 살아가는 의지를 가진 사람들입니다. 이런 사람들은 항상 자신을 희생하며 다른 사람들을 유익하게 하는 삶을 살아갑니다. 우리는 다른 사람들의 삶을 통해서 감동만 받지 말고, 우리 자신의 삶을 통해서 다른 사람들이 감동을 받도록 적극적인 삶을 살아야 하지 않겠습니까? 억지로 하는 것이 아니라 내게 주어진 일에 최선을 다하며 성실하게 살면서 사랑을 베푸는 것이 감동을 주는 삶이 되지 않겠습니까?

성경은 말씀합니다.

> "형제들아 너희가 자유를 위하여 부르심을 입었으나 그러나 그 자유로 육체의 기회를 삼지 말고 오직 사랑으로 서로 종노릇하라"
> (갈 5:13)

2007. 5. 6.

05

'왕궁 = 행복궁'은 아닙니다

 장엄하고도 화려하게, 수 많은 사람들이 모든 것을 다 해주는 왕궁생활을 행복궁으로 생각하는 사람이 얼마나 되겠습니까? 왕궁이 결코 행복궁은 아니라는 것을 아는 사람들은 다 알고 있습니다.

 경제 대국, 그리고 아직도 일본의 정신적인 지주인 존경과 사랑을 한몸에 받고 있는 일본궁의 왕과 왕비는 얼마나 행복할까요? 다음 주 유럽 순방을 앞두고 있는 아키히토 일왕 부부는 14일 내외신 기자회견에서 미치코(72) 일본 왕비가 첫 평민 출신 왕비로서 그동안 겪어 온 고통을 토로했습니다. "결혼과 함께 새로운 삶을 시작한 이후 많은 기대와 요구 속에 매일같이 어려움을 겪었다. 사람들의 기대를 충족시키지 못해 항상 슬프고 미안한 마음이었다. 매 순간 슬픔과 불안감에 사로잡혔고, 그 때마다 어떻게 대처해야 할지 몰라 기도를 하거나 유치한 주문을 중얼거리기도 했다"고 털어놨습니다. 미치코 왕비는 시어머니인 나가코 왕비로부터 평민 출신 며느리라고 몹시 경멸함을 당했고, 보수적인 왕족들도 왕실의 변화를 못마땅히 여겼으며, 또 일본의 전통신앙인 신도측 인사들은 미치코 집안의 가톨릭 신앙을 문제삼기도 했다고 합니다.

그녀는 닛신제분 사장인 쇼다 히세사부로의 장녀로 태어났으며, 1957년 휴양지에서 당시 아키히토 왕세자를 만나 교제하다 2년 뒤에 결혼했습니다. 이러다 보니 미치코 왕비는 수차례 신경쇠약을 겪었고 한때 실어증에 걸리기도 했습니다. 지난달에도 과도한 스트레스에 따른 구강염증과 장출혈 증세 등을 보여 모든 일정을 취소하고 9일간 요양을 다녀오기도 했습니다. 그는 최근 마사코 왕세자비의 건강 문제를 비롯한 왕실 관련 가십들이 언론에 계속 나온 것을 보고 심한 스트레스를 받았다고 합니다. 그래서 왕비는 잠시나마 궁궐의 속박에서 벗어나 자유롭게 도쿄의 고(古)서점으로 걸어가 학창시절에 그랬던 것처럼 자신만의 시간을 만끽해 보고 싶다고도 했습니다.

뿐만 아니라 그녀의 며느리인 마사코(雅子) 일본 왕세자빈이 시부모인 일왕 부부와의 갈등으로 인해 여러 차례 자살할 위험이 있을 정도로 심한 정신질환을 앓고 있다고 독일 공영방송 ARD가 보도했습니다. "마사코 왕세자빈은 중병을 앓고, 나루히토 왕세자는 고립돼 있으며, 왕위 계승자는 보이지 않아 일본 왕실이 2차 대전 이후 최대의 위기를 맞고 있다"고 하면서, 그녀의 친구들은 여전히 자살할 가능성을 우려하고 있다고 밝혔습니다. 마사코(雅子) 왕세자빈의 정신질환 원인과 배경에 대해 그동안 갖가지 추측이 나돌았습니다. 그러나 비극은 시부모인 아키히토 일왕과 미치코 일왕비가 딸만 하나 낳은 며느리에게 '일왕위 계승자가 돼 이 세계의 왕국을 구해줄 아들'을 하나 낳아주고, '나라의 살아 있는 상징'으로서만 활동해 주길 기대합니다. 그러나 왕세자빈은 이런 희망을 들어줄 생각이 없고 들어주기도 어려운 실정입니다. 또 5개 국어에 능통한 직업 외교관 출신인 그녀는 자신의 경력을 살리고 영국 왕실 가족들처럼 활발한 대외활동을 하고싶어 합니다. 이 일 때문에 시부모의 노여움을 사고 왕실 내 인간관계 갈등으로 왕세자빈이 우울증을 앓고 있다는 소식은 그동안 여러 차례 알려져 왔습니다. 그런데 1년 반 전부터 정신질환을 앓아온 마사코 왕세자빈의 병세가 점점 악화되어 장기간 먹지도 자지도 못하고 때때로 자살할 위험성까지 있을 정도라고 합니다. 갈등과 불신이 깊어지자 일왕 부부는 아들 부부의 해외여행을 불허했을 뿐만 아니라 국내 활동과 공식 장소의 출현도 극도로 제한해 왔습니다. 대중이 왕세자빈의 얼굴을 볼 수 없는 것이 단순히 질병 때문만은 아니라는 뜻입니다. 이미 일왕 부부와 그 주변 사람들은 마사코 왕세자빈이 '제대로 된 일본 여자'가 아니라고 생각합니다.

왕궁은 결코 행복이나 영생이 보장된 곳이 아닙니다. 내 마음에 참된 기쁨과 감사, 그리고 보람이 있는 곳에 행복이 깃듭니다. "높은 산이 거친 들이 초막이나 궁궐이나 내 주 예수 모신 곳이 그 어디나 하늘나라"라는 찬송가 가사를 음미해 봅니다.

성경은 말씀합니다.

"항상 기뻐하라 쉬지 말고 기도하라 범사에 감사하라 이는 그리스도 예수 안에서 너희를 향하신 하나님의 뜻이니라"(살전 5:16-18)

2007. 5. 20.

06
버림받은 개들의 천사

 전 세계적으로 길거리로 돌아다니는 개들로 인해 고민입니다. 그렇게 개를 좋아하던 사람들도 장거리 여행을 갈 때는 개들을 버리고 떠납니다. 또한 키우기가 부담스러우면 멀리 갔다 버리는 경우도 있습니다. 방콕 시의회에서는 길거리에 돌아다니는 개를 관리하기 위해서 마이크로칩을 이식시켜 관리하겠다는 계획에 대해서 반대 입장을 내어 연기되었습니다. 방콕의 길거리에 돌아다니는 개들은 각종 병균과 전염병이 있어 시민들에게 혐오감을 줍니다. 방콕시에서는 마이크로칩을 이식시켜 개들의 건강과 숫자를 관리할 계획이었으나 의회에서 비용이 많이 든다는 이유로 반대하자 새로운 방안을 찾기로 했다고 합니다. 태국에서는 개를 식용하는 것을 금지하고 있는데, 작년에는 치앙마이에 사는 한국인이 보신탕거리로 길거리의 개를 잡았다가 경찰에 체포되기도 했었습니다.

유기견을 사랑하는 사람들은 부산 강서구 관할인 낙동강 하구에 있는 '진우도'라는 섬에서 최근 유기견 한 마리를 발견하고 구해냈습니다. 경남 양산시 웅상읍 주진리에서 고물상을 운영하는 배미상(59·여)씨는 주인에게 버림받은 400마리의 개들을 키우는 천사와 다름없습니다. 그는 이곳 2,300평 대지의 고물상에서 주인에게 버려져 길거리를 헤매다 병들고 굶주린 유기견 400여 마리를 헌신적으로 돌보고 있습니다. 부산에서 3마리를 키우다가 넓게 뛰놀 장소를 제공하고 싶어 지금의 자리로 임대해 온 것이 계기가 되었다고 합니다. 넓은 곳에서 자신의 개들을 키우던 배씨는 보험 외판원을 하며 지역 곳곳을 다니다 버려진 개들이 병들고 지친 채 길거리를 떠도는 것을 보고 불쌍한 마음에 한 마리씩 데려다 키우기 시작했습니다. 보험업을 하며 보험왕을 몇 차례 할 정도로 '마당발'을 자랑했던 배씨가 유기견을 데려다 키운다는 소문이 여기저기 퍼졌고, 개를 키울 수 없게 된 사람들이나 불쌍한 개들을 목격한 사람들이 한 두 마리씩 맡기게 되면서 지금의 규모에 이르게 됐습니다. 소문이 나자 서울과 경기도에서까지 맡길 정도입니다. 혼자 힘으로 키우기 힘들어도 찾아오는 개들을 보면 '내가 아니면 누가 키울까' 하는 생각에 차마 물리치지 못해 계속 수가 늘어났다고 합니다. 개가 점점 늘어나자 배씨는 이들을 본격적으로 돌보며 일을 하기 위해 8년 전 이곳에 고물상을 차렸고, 결국 배씨의 집은 고물상과 개집이 한데 섞인 지금의 형태를 갖추게 된 것입니다. 처음에는 개를 팔기 위해 키우는 '개장수'라는 의심을 받거나 진짜 '개장수'들로부터 개를 팔라는 제안이 들어오기도 했습니다.

한 달 동안 들어가는 개 사료비만 해도 100만원이 넘어 경제적인 어려움도 겪었다고 합니다. 그러나 배씨가 꾸준한 애정으로 개를 돌봐 온 사실이 알려지자 얼마 전부터는 부산의 동물병원 두 군데서 무료 진료를 제공하는가 하면, 여기저기서 후원금을 보내오는 등 배씨의 활동을 음과 양으로 도와주는 이들도 생겨 형편이 나아졌습니다. 지난해부터는 부산·경남 지역에서 유기견을 돕는 인터넷 모임과 연결돼 이들이 개 먹이와 약을 제공해 주고, 또 매월 한 차례씩 봉사활동을 오기도 한다고 했습니다.

그녀는 아침 7시에 일어나 새벽 1시까지 개들을 돌보다 보면 식사할 시간도 모자란다고 합니다. 그래도 병들고 야위어 들어왔던 개들이 배불리 먹고 치료를 잘 받아 건강하게 지내는 것을 보면 뭐라 말할 수 없는 기쁨을 느낀다고 말했습니다. 배씨가 키우는 개들은 오랜 노숙생활에 영양 결핍과 각종 질병 등으로 몸 상태가 정상이 아닌 경우가 대부분이지만, 이들 모두에게 일일이 이름을 붙여주고 아침저녁으로 건강 상태를 확인하며 회복될 때까지 극진한 정성을 쏟고 있습니다. 이 밖에도 개들의 피부병을 막기 위해 대소변을 치우고, 직접 이불을 빨고, 털을 깎아주고, 철마다 예방 접종과 각종 수술을 시키는 등 종일 개들을 돌보는 일로 바쁩니다. 배씨는 "개들에게 사랑을 베풀면서 그 만큼의 사랑을 받는 것 같아 보람을 느낀다. 앞으로도 유기견들을 계속 받으면서 지금처럼 키울 예정"이라고 말했습니다. 그는 이어 "집에서 키우던 개들은 갑자기 길거리로 버려지면 적응을 못해 결국 굶어 병들게 된다. 형편이 달라졌다고 해서 키우던 개를 길거리로 내버리는 일은 제발 없었으면 좋겠다"고 덧붙였습니다.

동물을 유기하고 학대하는 사람들이 많은 이 세상에서 동물을 사랑하여 자신의 삶을 다 바치다시피 돌보아 주는 마음이 참으로 아름답습니다. 동물을 사랑하는 마음을 가진 사람은 자연히 사람을 사랑하는 사람이 되지 않겠습니까? 사랑이 메말라가고 이기주의적인 사고로 살아가는 사람들이 점점 더 많아지는 이 시대에, 방황하는 길거리의 개를 사랑하는 사람처럼 우리의 이웃에 버려지거나 어려운 이들에게 사랑을 주는 사람들이 많아지면 얼마나 좋겠습니까? 우리 가까이에 조그만 온정을 실천하는 사람들이 많아질수록 우리 사회는 더욱 더 밝아지고 평안해 질 것입니다.

예수님은 말씀하셨습니다.

"내가 진실로 너희에게 이르노니 너희가 여기 내 형제 중에 지극히 작은 자 하나에게 한 것이 곧 내게 한 것이니라"(마 25:40)

2007. 6. 3.

07

엄지공주의 소원

 가정의 달 5월을 맞아 지난 5월 15일 스승의 날 저녁에 MBC 방송에서는 엄지공주 윤선아씨의 휴먼다큐 '사랑'을 방영했습니다. 주인공 윤선아씨는 키 120cm, 35kg의 몸무게로 8살짜리 초등학교 1학년생 정도의 작은 몸을 가진 엄지공주입니다. 그녀는 엄마 뱃속에 있을 때부터 뼈가 부러지는 '골형성 부전증'이란 선천성 질환을 앓았습니다. 생후 20일부터는 전화벨 소리에도 뼈가 부러지고, 옷을 갈아입다가 뼈가 부러지질 때도 있었습니다. 그런 그녀는 다른 사람들처럼 키가 크고 싶어 대수술도 마다하지 않았지만 결과는 여전히 걸음도 제대로 걸을 수 없었습니다. 목발에 의지하며 살아가는 엄지공주이지만 그녀를 만나 본 사람은 그녀에게 그런 장애가 있었나 의심할 정도로 밝고 명랑했으며, 누구보다 아름다운 마음과 외모를 가지고 있었습니다. 그녀는 2005년 1월 힘든 몸을 이끌고 엄홍

길 대장과 함께 '히말라야 희망원정'에 참여하기도 했습니다.

그런 그녀를 위해 8년 전 백마를 탄 왕자님 변희철씨를 만나 3년 동안 연애를 했고, 반대하던 부모님들도 두 사람의 변함이 없는 사랑에 결혼을 허락하게 되었습니다. 그리고 5년의 세월이 흘렀고, 스물 아홉의 윤선아와 스물 여덟의 변희철은 6년 차 부부가 되었습니다. 엄지공주는 태어날 아기가 훗날 엄마에 대해 부끄러워하지 않게 하려면 조금이라도 더 자신의 위치를 굳건히 다져야 한다고 생각했습니다. 마트에 가거나 길을 걸어갈 때 "어머~ 얼굴은 어른인데 몸은 어린이야. 몸이 너무 작아~"라는 아이들의 생각을 들으면 걱정이 앞섰기 때문이라고 합니다. 하지만 그녀는 결혼 5년 만에 생각을 바꿨고 한결같이 자신을 사랑하고 염려해 주는 평생 단짝인 변희철씨와 함께 시험관 아기 시술에 도전했습니다. 그녀는 1999년 홀로 인터넷 라디오 방송을 만들어 사이버 쟈키로 활동을 시작했고, 차분한 목소리와 재치 있는 말솜씨로 많은 청취자들이 생겨나 공중파 방송 DJ가 되는 훌륭한 꿈도 이뤘다고 합니다. 방송생활을 그만 둔 지금까지도 그녀의 홈피를 방문하는 고정팬들이 상당수 있다고 합니다.

이들은 아이를 얻기 위해 온갖 노력을 기울이고 있습니다. 어려운 검사를 무사히 끝내고 돌연변이 유전자도 찾아낼 수 있어 미리 예방할 수 있다는 희망적인 소식, 이어지는 난자 채취, 그리고 시험관 아기 시술작업, 엄지공주의 체구는 작은데

난소가 커져서 부작용을 초래할 수 있다는 담당 의사 선생님의 말씀…… 엄지공주는 난소의 크기가 돌아올 때까지 한 달을 더 기다려야 합니다. 먼저 채취해 놓았던 정상 수정란 5개 중에서 2개를 시술하자는 의사 선생님의 말씀대로 엄지공주의 뱃속에는 2개의 수정란을 조심스레 시술했고, 아이 이름은 '튼튼이'로 명명했습니다. 시험관 아기 시술을 한 임산부에게 좋다고 하는 전복도 사고, 두유도 준비하고, 예쁜 동화도 읽어 주고, 십자수도 놓았습니다. 그러나 주치의 선생님의 말씀은 뜻밖이었습니다. "임신이라고 볼 수가 없겠네요. 이제 몸도 좀 추스리고 다음 기회에 다시 시도하죠." 간호사는 그녀를 위로하며 "너무 빨리 주시면 귀한 걸 모를까봐 조금 천천히 주시려나봐요. 포기하지 말고 꼭 또 오세요." 하고 인사를 합니다. 그리고 아기 모자와 신발도 선물합니다. 그녀의 싸이월드 미니홈피에는 이런 글이 적혀 있었습니다. "우리 부부에게는 간절한 소망이 있습니다. 바로 선아의 예쁜 눈을 닮고 저처럼 튼튼한 몸을 가진 아기를 가지는 것입니다." 새로운 생명을 잉태하는 것은 그 무엇보다 값진 선물입니다.

그러나 요즈음은 태어난 지 며칠 되지 않은 아기들을 버리는 어리석은 부모들이 있음을 이따금씩 듣습니다. 생명은 하나님이 주신 가장 소중한 선물입니다. 그러므로 한 생명을 얻기 위해, 그리고 잘 양육하기 위해서는 많은 투자와 희생이 필요합니다. 왜냐하면 천하보다 귀한 생명이기 때문입니다. 한 영혼을 온전히 구원하고 세우기 위해서도 많은 기도와 사랑과 희생이 필요합니다. 생명은 무엇보다 소중합니다.

예수님은 말씀하셨습니다.

> "사람이 만일 온 천하를 얻고도 제 목숨을 잃으면 무엇이 유익하리요 사람이 무엇을 주고 제 목숨을 바꾸겠느냐"(마 16:26)

2007. 7. 27.

08
진짜 인정받는 학력은

문화계 인사들의 학력위조가 잇따라 밝혀지고 있습니다. 신정아, 이지영, 정덕희씨에 이어 배우이자 방송인인 윤석화씨가 자신도 학력을 속였다고 고백해 충격을 주고 있습니다. "저는 이화여대에 다니지 않았습니다." 윤석화씨는 자신이 그동안 이화여대를 중퇴한 것으로 알려졌지만 입학한 사실조차 없다고 고백했습니다. 또 CM송을 부르던 철없던 시절에 했던 거짓말 때문에 30년 세월 동안 몹시 힘들고 부끄러웠다고 그 심정을 토로했습니다. 이에 앞서 1990년대 대학로에 연극 바람을 일으켰던 주역으로 연극계에서 상당한 영향력이 있는 인사인 '한국사회동숭아트센터' 대표이자 대학 교수인 김옥랑씨 역시 중·고·대학 학력을 다 속인 것으로 드러났습니다. 경기여중·고를 나와 이화여대에 다녔다고 한 것이 다 거짓이라는 말입니다. 그는 학력이 공인되지 않는 미국 퍼시픽 웨스턴대

학사를 근거로 성균관대에서 대학원 과정을 밟아 교수가 됐습니다. 2004년 박사학위를 받아 '공연 예술학 박사 1호'로 불렸습니다. 뿐만 아니라 '광주 비엔날레' 예술감독까지 됐던 신정아씨와 유명 인테리어 디자이너 이창하씨 등의 학력 부풀기가 터져나왔습니다.

학력 위조는 우리나라만의 문제가 아닙니다. 지난 4월 미국의 명문 MIT대 입학처장 매릴리 존스가 학력 위조를 인정하고 물러났습니다. 존스는 이력서에 올버니의대, 유니언대, 렌슬러 공대에서 학위를 받았다고 했으나 렌슬러 공대는 청강생으로 1년 간 다녔을 뿐이라는 사실이 제보로 드러났습니다. 그녀는 유머와 솔직함으로 존경받았고, 베스트셀러 「스트레스가 적을수록 성공한다(Less Stress, More Success)」에서 대학 지망생들에게 '완벽보다 성실이 중요하다'고 충고했던 사람이기 때문에 충격이 더욱 클 수밖에 없었습니다.

'학술 진흥 재단'은 2005년에 비(非)인가 대학인 '미국 퍼시픽 웨스턴대, 퍼시픽 예일대, 코언 신학대, 러시아 극동 예술 아카데미' 등 네 곳의 학위 등록을 받지 않기로 했습니다. 그 전에 이 대학들에서 박사학위를 받았다고 신고한 사람은 154명으로, 교수와 고위 공무원 및 대형 교회 목사 등이 있습니다. 이 대학들에서는 학사는 2년 만에, 박사학위는 석사 후 1년 만에 취득하기도 합니다. 이런 '학위 공장(Degree Mill)'이 미국에 700여 개, 일본에는 50여 개나 있습니다. 물론 학력을 속이고 행세해 온 것이 정당하지 못한 것임에는 틀림이 없습니다. 그러나 이참에 우리는 실력보다 학력(學歷)만을 요구하고, 학력이 좋은 사람들에게 유익을 주고, 단순히 학력 하나 때문에 좋은 자리를 차지하는 것 역시 공평하지 못하고 옳지 못한 것임을 생각해 보아야 합니다.

미국 ABC방송의 메인 앵커로 일세를 풍미하다 재작년 폐암으로 타계한 피터 제닝스(Jennings)는 매끈한 말솜씨와 용모를 가졌지만 고등학교를 중퇴한 열등생이었습니다. 하지만 그는 밑바닥부터 시작해 방송계의 정상에 우뚝 섰습니다. '미국에서 가장 신뢰받는 공인, 세기의 앵커'라고 불린 월터 크롱카이트(Cronkite)도 대학 중퇴자였고, 현재 CNN에서 인기 대담 프로를 진행하는 래리 킹(King) 역시 대학에 가지 못한 사람입니다. 이들은 대학 졸업장이 없지만 그것을 속이지 않고 당당하게 행동했고, 열정적인 노력을 통해 나름대로의 재능을 잘 살려 저학력이라는 핸디캡을 극복했습니다. 우리나라도 고등학교 출신의 두 대통령이 나온 바 있습니다.

소위 학벌이 없고 대학을 나오지 않아도 정직하고 성실하게, 그리고 열심히 노력하여 한 분야에서 전문적인 지식을 가지고 다른 사람을 가르칠 수 있는 능력이 있다면 그것이 진짜 인정받는 학벌이 아니겠습니까? 가장 중요한 것은 최고의 학벌을 가진 사람이나, 학벌이 모자라지만 기술이 뛰어난 사람이나 모두 인격을 갖추어야 된다는 사실입니다. 이제는 수능 시험

일만 되면 온 나라가 떠들썩하고 '수능 난이도, 예상 점수, 희망하는 학교의 합격가능 점수'가 모든 언론들의 톱뉴스가 되는 것은 중단되어야 하겠습니다. 진짜 인정받는 학력(學力)이 빨리 정착 될수록 더 밝고 살기 좋은 사회가 될 것입니다.

성경은 말씀합니다.

> "사람의 행위가 자기 보기에는 모두 깨끗하여도 여호와는 심령을 감찰하시느니라"(잠 16:2)

2007. 8. 19.

09

인종 차별과 제노포비아(xenophobia)

　인종 차별(人種 差別)은 어떤 인종이 다른 인종을 편벽된 감정으로 얕보고 박해하는 것입니다. 그리고 외국인 혐오 현상을 일컫는 것을 '제노포비아(xenophobia)' 라 하는데 이 말은 낯선 것을 꺼리는 '제노'와 싫어한다는 뜻의 '포비아'의 합성어입니다.

　유엔의 '인종 차별 철폐 위원회(CERD)' 는 "한국이 단일민족을 강조하는 것은 한국 땅에 사는 다양한 인종들 사이의 이해와 관용, 우호 증진에 장애가 될 수 있다"고 우려하면서, "현대 한국 사회의 다(多)인종적 성격을 인정하고 교육, 문화, 정보 등의 분야에서 적절한 조치를 취하라"고 한국에 권고했습니다. CERD는 69년에 발효된 유엔의 '인종 차별 철폐 협약'의 이행 노력을 심사하기 위해 같은 해 설립된 유엔의 산하기관입니다. '인종 차별 철폐 협약'에서 규정하는 '인종'의 개념은 단순히 피부색의 차이뿐만 아니라 출신 국가나 민족 등 차별과 배척의 근거가 될 수 있는 사항을 두루 포함합니다. 8월 현재 가입국은 우리나라를 포함한 173개국입니다. 모든 가입국은 4년마다 한 번씩 위원회에 인종 차별 철폐 상황에 대한 이행 보고서를 의무적으로 제출하고 개선 여부에 대해 심사를 받아야 합니다.

지난 1991년에도 CERD는 한국 내 화교와 베트남 난민의 지위에 대해 우려를 표시했습니다. 이 때에도 우리 정부측은 '한국은 단일민족 국가로 인종 차별이 없다'고 주장했고, 위원들은 '납득하기 어렵다'는 반응을 보였습니다. 당시에는 전라도에 대한 차별과 경제개발 소외에 대해서도 문제가 제기된 것으로 알려졌습니다. CERD는 2001년 제정된 '국가 인권 위원회법'과 외국인 노동자에게 국내 노동자와 동일한 노동관련 보호를 제공하는 '고용 허가제 입법' 등을 긍정적 사항으로 채택했습니다. 그러나 화교 및 기타 소수인종에 대한 차별 문제를 다시 지적했고, 우리측은 '단일민족 국가' 주장을 되풀이했습니다. 이에 대해 CERD는 "한국 내 인종 분포에 대한 구체적인 통계 자료를 첨부하라"는 권고안을 냈습니다. 일부에서는 "정부가 계속 '단일민족'만 주장할 것이 아니라, 다(多)인종화 되는 사회에 대한 통계를 적극적으로 확보하고 미리 알렸어야 하는 것이 아니냐"는 지적도 있습니다. 당시 CERD는 최종 견해를 통해 "인종 차별을 철폐하기 위한 법률 제정이나 제도 마련에서는 진전이 있었으나, 차별 문제에 대한 명확한 인식이나 법과 제도의 실효적 이행이 뒷받침되지 않는다"고 밝혔습니다. 이번에 논란이 된 '순혈(pure blood)'과 '혼혈(mixed blood)' 부분은 우리측 보고서에서 먼저 언급됐습니다. "한국은 단일민족 국가로서 소수민족 차별을 찾기 힘들다. 하지만 단일민족성에서 우러나온 '순혈'에 대한 한국인의 자부심이 '혼혈'에 대한 차별을 유발하고 있다"고 주장했습니다. 이 보고서를 검토한 CERD가 "순혈과 혼혈이라는 단어는 인종적 우열주의를 퍼뜨린다는 점에서 우려된다"고 지적한 것입니다.

제노포비아는 이념적·행동적 양상을 뚜렷이 보이는 인종주의와는 구분이 됩니다. 유럽에는 전반적으로 제노포비아 현상이 있지만 특히 심한 곳이 독일과 영국입니다. 신나치주의가 힘을 얻고 있는 독일 사회는 최근 마을 축제에서 독일 젊은이들이 외국인을 집단으로 폭행했습니다. 독일에서는 올 상반기만 해도 외국인 혐오 범죄를 포함한 극우파 관련 범죄가 5,300여 건에 이를 정도입니다. 보수적이고 경험을 존중하는 영국인들 역시 마찬가지입니다. 새로운 것이 아무리 좋아 보여도 어제 일을 다시 하는 것이 마음이 편한 것입니다. 영국에서도 주로 무슬림을 대상으로 하는 폭행사건이 빈번히 발생합니다. 유럽, 한국 가릴 것 없이 '민족주의 신화'는 좀처럼 사라지지 않고 있습니다. 그러나 우리는 모두가 다 하나님의 형상대로 지음 받은 한 형제들임을 기억해야 합니다.

성경은 말씀합니다.

> "서로 마음을 같이 하며 높은 데 마음을 두지 말고 도리어 낮은 데 처하며 스스로 지혜 있는 체 말라 아무에게도 악으로 악을 갚지 말고 모든 사람 앞에서 선한 일을 도모하라 할 수 있거든 너희로서는 모든 사람으로 더불어 평화하라"(롬 12:16-18)

2007. 9. 2.

10
장기를 기증하고 떠난 빙상 스타

　교통사고로 뇌사 판정을 받은 전 피겨스케이팅 국가대표 선수가 난치병 환자 6명에게 장기를 기증하고 세상을 떠났습니다. 피겨스케이팅 아이스댄싱 부문 국가대표였던 김민우(21)씨가 3일 오전 1시쯤, 경기도 과천에서 후배를 지도하고 집으로 가는 길에 서울 일원동 양재대로에서 가드레일을 들이받는 사고가 났습니다. 김씨는 즉시 삼성서울병원 응급실로 옮겨져 치료를 받았지만 의식불명 상태에 빠졌고, 결국 사고 발생 하루만인 4일 오후 1시에 뇌사 판정을 받았습니다. 김씨의 소생 가능성이 없다는 의료진의 진단을 받고 김씨 가족은 큰 충격을 받았지만 김씨의 못다 이룬 꿈을 이루기 위해 난치병 환자들에게 장기를 기증키로 결정했습니다. 아버지 김옥열(56)씨는 "민우의 모습을 더 이상 볼 수 없지만 빙상인으로 성공하고자 했던 아들의 열정이 다른 환자들에게 삶의 희망으로 전달

되면 좋겠다"고 말했습니다.

　김씨가 기증한 장기는 신장 2개, 각막 2개, 심장, 췌장, 간 등 전부 7개입니다. 김씨의 기증으로 만성 신부전증, 간경화, 심장병 등을 앓고 있던 환자 4명과 시각장애인 2명 등 6명이 새로운 삶을 찾게 됐습니다. 김씨는 장기 외에 뼈, 골수, 연골 등 신체 조직도 다 기증해 더욱 많은 사람들에게 새 생명을 나눌 수 있을 것으로 보입니다. 김씨의 시신은 이날 오후 장기적출 수술을 마쳤고 장기는 환자들에게 이식됐습니다. 기증자가 젊어 많은 장기를 기증할 수 있었고, 장기 외의 조직들은 조직은행에 보관되었다가 필요한 사람이나 연구팀에 제공된다고 합니다. 이제 민우씨의 장기와 조직 기증으로 질병으로 고통받아 온 여러 환자들이 새 삶을 찾게 됐습니다.

　1990년에 빙상을 시작한 김씨는 누나 혜민(23)씨와 함께 짝을 이뤄 2002년 9월부터 지난해 3월까지 피겨아이스댄싱 국가대표로 활동해 왔습니다. 2003년에는 일본 아오모리 동계 아시안게임에서 6위를 차지하며 가능성을 인정받았습니다. 그러나 지난해 4대륙 피겨선수권대회를 마지막으로 현역에서 은퇴한 김씨는 올해 군 입대를 앞두고 과천 아이스링크에서 코치로 후배들을 지도해 왔습니다.

　우리나라에서의 장기이식은 1969년의 신장이식으로부터 시작되었는데 외국에 비하여 15년 늦었지만 각 장기별로 많은 발전을 하고 있습니다. 1988년에는 국내 최초로 간이식에 성공했고, 1992년에는 췌장과 심장이식, 1996년에는 폐이식, 1997년에는 심장과 폐의 동시이식이 이루어졌습니다. 1984년에 면역 억제제인 '싸이클로스포린'이 국내에 도입된 이후 이식 예가 증가하고 이식 성적이 많이 향상되었습니다. 그리고 1992년 이후부터는 뇌사자의 장기이식이 활성화되었습니다.

1999년 2월 '장기등 이식에 관한 법률'이 국회에서 통과되어 2000년 2월 9일부터 시행되고 있으며, 이 때부터 '국립 장기이식 관리센터'의 업무가 시작되었습니다. 사랑의 장기기증 운동은 장기이식을 받으면 살 수 있는 말기 장기부전 환우들이 사회로부터 소외된 채 고통 속에서 속절없이 숨져 가는 우리의 현실과는 달리, 선진국에서는 장기기증 및 이식이 활발하게 전개되고 있음을 알고 박진탁 목사가 각계의 인사들과 함께 1991년 1월 22일 '사랑의 장기기증 운동본부'를 창립하게 되었습니다.

1999년 IMF로 인한 경제적 어려움이 닥치자 "신장이식은 우리에게 꿈입니다. 투석만이라도 마음놓고 받았으면 좋겠습니다"라는 만성신부전 환자들의 호소에 교회와 기관, 그리고 개인 후원자들의 후원으로 무료 인공 신장실을 열었습니다. 현재 서울, 대구, 부산 등지에서 매일 500여 명의 환자들이 투석을 받고 있습니다. 인공 신장실은 단순히 개인의 생명을 연장시키는 것이 아니라 환우 가족들의 삶도 희망으로 되돌려 놓는 귀한 장소가 되고 있습니다.

장기기증 운동은 교회가 중심이 되어 많은 성도들이 참여하고 있습니다. 부활의 소망을 가진 크리스천은 고통 가운데 살아가는 환자들에게 이 세상에서 좀 더 밝고 행복한 삶을 살도록 도와주는 장기기증에 대해 긍정적으로 관심을 가져야 할 것입니다.

예수님은 말씀하셨습니다.

"자기 생명을 사랑하는 자는 잃어버릴 것이요 이 세상에서 자기 생명을 미워하는 자는 영생하도록 보존하리라"(요 12:25)

2007. 10. 7.

11

세계 최고 부자들만의 자녀 교육법

자녀 교육비가 너무 많이 들어 부모들이 고민하고 있습니다. 어떤 가정은 심각한 위기에까지 왔습니다. 자녀 교육은 너무도 중요합니다. 그러나 반드시 돈을 많이 투자하는 것만이 능사가 아닙니다. 세계적인 부자들은 나름대로 자녀 교육에 대한 확고한 철학을 가지고 있었습니다.

세계의 부호인 컴퓨터의 제왕 빌 게이츠의 부모는 부자였습니다. 빌 게이츠는 부모를 삶의 역할 모델로 삼았습니다. 아버지는 성공한 변호사였고, 어머니는 은행가 집안의 딸이었습니다. 빌 게이츠가 기억하는 부모의 모습은 '지식의 보고' 였습니다. 아버지와 어머니는 비즈니스, 법률, 정치, 자선활동 등 밖에서 경험한 것을 대화를 통해 자녀들에게 고스란히 전해줬습니다.

빌 게이츠는 "부모님은 항상 책을 많이 읽고 다양한 주제에 대해서 생각하도록 격려했다"고 회상했습니다. 특히 정보의 수집 대상은 책으로 삼도록 했습니다. 빌 게이츠의 부모는 자녀들이 책을 읽는 데 집중하도록 주 중에는 텔레비전 시청을 금했습니다. 빌 게이츠는 일곱 살 때 부모가 사 준 백과사전을 처음부터 끝까지 읽기로 결심했습니다. 그 후 전기나 과학서적 등으로 독서 범위를 넓혀갔습니다.

현재 시애틀에 있는 빌 게이츠의 집에는 14,000여 권의 장서를 소장한 개인 도서관이 있는데 그곳은 자신의 집에서 가장 아끼는 공간입니다. 빌 게이츠는 자녀에게 독서 습관을 물려주고 있습니다. 빌 게이츠는 "내 아이들에게 당연히 컴퓨터를 사 줄 것이다. 하지만 그보다 먼저 책을 사 줄 것이다"라고 말했습니다. 인터넷이 정보의 유통을 편리하게는 했지만 아직 인류가 쓰기와 읽기보다 정보를 더 효율적으로 생산하고 소비할 수 있는 도구를 만들어내지 못했다는 것이 그 이유입니다.

미국의 둘째 갑부인 워런 버핏은 2006년 6월 440억달러(약 41조원)에 달하는 재산의 85%를 기부하겠다고 해서 세계를 놀라게 했습니다. 그의 아버지는 미국 네브래스카 주 오마하의 유명한 주식 중개인으로 미국 하원의원까지 지냈는데, 그는 그의 아버지에게서 독립적으로 사는 법을 배웠습니다. 대공황으로 주식시장이 폭락했을 때 일자리를 잃었지만 식료품점을 하는 아버지(워런 버핏의 할아버지)에게 손을 내밀지 않아 가족의 끼니를 거르기 일쑤였습니다. 그리고 아들 워런 버핏에게는 어릴 적부터 용돈은 스스로 벌어서 쓰도록 했습니다. 워런 버핏은 10대 중반에 신문 배달 등의 일을 했는데, 당시 정규직을 가진 사회 초년병들과 맞먹는 수입이었다고 합니다. 그리고 주식 투자로 31세에 백만장자가 됐습니다.

역사상 가장 많은 돈을 모은 사람은 19세기 미국의 석유왕 존 D 록펠러입니다. 그는 현재 가치로 1,920억달러(약 182조 원)의 재산을 모았습니다. 그의 외아들 록펠러 2세는 평생 놀고 먹어도 다 쓰지 못할 만큼의 재산을 물려받았습니다. 그러나 그는 자녀들에게 돈을 관리하는 법을 엄격히 가르쳤습니다. 그는 용돈의 사용처에 대한 가이드라인도 줬습니다. 용돈을 3등분 해서 개인적인 용도, 저축, 기부에 사용하도록 했습니다. 그리고 아버지가 정한 가이드라인에 맞춰 용돈을 사용하고 장부를 기입하는 자녀에게는 상금을 주었으나, 그렇지 않은 자녀에게는 벌금을 매겼습니다. 록펠러 2세는 일곱 살 전후부터 용돈을 줬는데 1주일에 30센트부터 시작해서 얼마나 성실하게 용돈을 관리했는가를 따져 액수를 늘려갔습니다. 당시 자녀의 친구들은 한 주에 1달러 정도의 용돈을 받았습니다. 록펠러 2세는 아버지 존 D 록펠러에게서 배운 그대로 실천한 것이었습니다. 록펠러 2세는 자녀들에게 엄격한 용돈 교육을 시킨 이유에 대해 "나는 항상 돈 때문에 우리 아이들의 인생이 빗나갈까 염려했다. 아이들이 돈의 가치를 알고 쓸데없는 곳에 낭비하지 않기를 원했다"고 말했습니다.

철저한 용돈 교육을 바탕으로 록펠러 집안은 '미국 1호 가문'의 명성을 이어가고 있습니다. 돈을 많이 주는 것만이 최고의 자녀 교육은 아닙니다. 분명한 철학과 신앙으로 모범적인 삶을 통해서 가르쳐 주는 것이 가장 중요한 자녀 교육이 아니겠습니까?

성경은 말씀합니다.

"네가 네 자신과 가르침을 삼가 이 일을 계속하라 이것을 행함으로 네 자신과 네게 듣는 자를 구원하리라"(딤전 4:16)

2007. 10. 14.

12

920억 놓고 간 천사,
2,200억 가로챈 타락녀(女)

성탄절이 다가오는 계절에 920억원을 기증한 천사가 나타났습니다. 미국 펜실베이니아 주 이리 시는 인구가 10만 명 남짓한 작은 도시입니다. 그런데 이 도시에 익명의 자선가가 1억달러(약 920억원)를 기부했습니다. 이 사람이 바로 천사입니다. 이리 시는 한때 철강도시로 풍요를 누렸으나 최근 대부분의 공장이 문을 닫으면서 침체기에 빠졌습니다. 빈곤층 비율은 미국 평균의 2배에 이르는 19%이며, 중산층의 연평균 수입도 31,196달러로 미국 평균인 48,451달러에 크게 미치지 못합니다.

이 자선가는 '이리 커뮤니티 재단'의 마이크 배츨러 이사장에게 이같이 막대한 금액을 내놓으면서 시내 자선단체에 나눠줄 것을 요청했습니다. '이리 커뮤니티 재단'은 시내 46개 자선단체의 책임자들을 불러 단체마다 100만-200만달러씩 나눠 주었습니다. 푸드뱅크나 장애인 보호시설 등의 책임자들은 재단의 면담 요청을 받고 어리둥절해 하다가 기부금을 받은 뒤 울음을 터뜨리기도 했다고 합니다. 배슬러 이사장은 이 자선가가 재단과 함께 기부금 수령에 적합한 단체를 선별하는 작업을 몇 년 동안 해 왔다고 밝혔지만 신원 공개는 거부했습니다. 200만달러를 받게 된 이리 노숙자 쉼터의 키티 캔실라 대표는 "지금까지 받아 본 기부금 중 가장 많은 액수가 25,000달러였다"면서 놀라움을 감추지 못했습니다.

우리가 가진 것을 다른 사람을 위해 선뜻 내놓는다는 것은 높은 신앙과 인격이 없이는 어려운 일입니다. 그리고 내가 가진 모든 것은 나의 것이 아니라 하나님께서 내게 맡겨 주셨다는 청지기 의식이 없이는 불가능합니다.

반면 2,200억원을 가로챈 타락녀도 있습니다. 중국 광둥(廣東)성의 여성 우정 지국장이 법정 이자율보다 더 많은 이자를 주겠다고 속여 고객에게서 2,200억원이 넘는 돈을 받아 가로챘다가 공안에 적발됐습니다. 지난해 8월에 사소한 폭력 혐의로 체포된 포산(佛山)시 란스(瀾石)진의 허리충(何麗瓊 · 43) 우정 지국장을 조사한 결과, 2003년 9월부터 지난해 8월까지 무려 352명의 고객 예금 17억 9,000만 위안(약 2,219억원)을 횡령한 사실이 새롭게 밝혀졌습니다. 허 지국장은 중국의 1년 만기 정기예금의 법정 이자율이 1.98-2.52%로 매우 낮은 점을 착안해, 2.5-6%까지 높은 이자를 주겠다고 속여 개인은 물론 현지 정부와 기업으로부터 거액의 돈을 예금 명목으로 유치해 횡령한 것으로 드러났습니다. 허 지국장은 횡령한 돈으로 마카오 카지노에서 도박으로 잃은 빚 8,000만 위안을 갚고, 2,000만 위안은 부동산 투기에 사용했으며, 나머지는 해외의 각종 투자 프로젝트에 사용한 것으로 알려졌습니다. 현재 공안은 그 돈의 대부분의 사용처를 확인했으나 5억 4,500만 위안은 아직도 소재가 불분명한 상태입니다.

세계 최고의 부자 중 한 사람인 워런 버핏은 미 상원 금융위원회에 출석해 "나와 같은(부유한) 사람들의 유산에서 좀 더 취해 가는 것이 필요하다고 생각한다"고 말했습니다. 버핏은 자신이 기회균등의 원칙을 신뢰한다고 전제하면서, 상속세가 거대한 부(富)를 공공을 통해 재활용할 수 있도록 함으로써 실력주의와 기회의 가치 기준을 보존하는 것도 된다고 했습니다. 그는 또 "사회의 자원이 부의 귀족 왕조로 불리게 되는 식으로 대물림되어야 한다고는 생각하지 않는다"고 강조했습니다. 큰 손의 자선 사업가로도 유명한 그는 공화당 의원들을 중심으로 한 상속세 폐지와 세율 인하 노력에 반대해 왔는데, 민주당측에서는 상속세 폐지가 부자들에게 횡재를 안겨주는 것이 될 것이라고 주장하고 있습니다. 이것은 바로 그가 청지기 정신이 투철한 사람임을 보여줍니다. 그 뿐만 아니라 세계 최고의 부자로 알려진 컴퓨터의 황제 빌 게이츠도 자신의 재산

절반을 불우한 이웃과 선한 일을 위해 기꺼이 내놓았습니다. 그의 아내는 아예 이 일을 위해 재단을 세워 활동하고 있습니다.

우리는 천사가 될 수도 있고 악마가 될 수도 있습니다. 물질 때문에 천사도 되고 물질 때문에 타락녀, 타락남이 될 수도 있습니다. 우리는 천사의 삶을 살아야 합니다.

성경은 말씀합니다.

> "돈을 사랑함이 일만 악의 뿌리가 되나니 이것을 사모하는 자들이 미혹을 받아 믿음에서 떠나 많은 근심으로써 자기를 찔렀도다"(딤전6:10)

2007. 11. 18.

13

끊임없는 창조정신

40년 가까이 온갖 발명에 매달려 온 정선영(鄭善永·㈜제이포엠) 사장은 칠순을 맞은 지금도 작업실에서 '연구 중'입니다. 그는 자신을 정 "사장 대신 발명가로 불러 달라"고 할 정도로 발명에 대한 열정이 뜨겁습니다. 정씨는 1972년 진공상태를 이용해 주조(鑄造)하는 진공금형(金型·금속으로 만든 거푸집) 등으로 과학기술 전람회에서 금상을 수상한 것을 시작으로 건강 속옷, 전동 높낮이 조절 책상, 세계시계 등을 발명해 여러 종류의 특허를 받았습니다.

경남 합천에서 태어난 그는 어린 시절부터 기발하다 못해 엉뚱한 상상력을 가졌다고 합니다. "초등학교 땐 장독으로 우주선을 만들어 달나라로 갈 계획을 세운 적도 있다"고 하면서 껄껄 웃었습니다. 본격적으로 발명에 뛰어든 것은 고교 졸업 후 서울역에서 일하던 시절입니다. 디젤 기관차가 처음 플랫폼으로 들어오는 역사적 순간을 본 후 한국을 과학 강국으로 만들어 보겠다는 생각을 했다고 말했습니다. 정씨의 발명품은 종류가 많지는 않지만 단일 품목으로 세계 최다 특허를 획득한 기록을 갖고 있습니다. 그 단일 품목은 남성용 건강 속옷(속칭 '정력팬티')인데 이 발명품으로 136개국에 특허를 출원해 100개국에서 특허를 받았습니다. 그리고 발명 30년이 지난 지금도 이 제품을 생산하고 있습니다.

그는 1978년 일본 여행 중 남성들의 원기 증진을 위해 하체의 온도를 평균 체온보다 낮춰 주는 특수 헬스클럽에 가본 후 거기에서 아이디어를 얻어 넉 달씩이나 속옷을 주무른 끝에 '건강 속옷'을 출시했습니다. 예상은 적중하여 그 해에만 내수 20억원, 수출 25만달러라는 큰 성과를 거뒀습니다. 1981년에는 스위스 발명대회에 출품해 '특별 인기상'을 수상했고, 미국 ABC 등 방송사와 유럽 매스컴들의 큰 주목도 받았습니다. 1994년에는 그의 건강 속옷이 '서울 천년 타임캡슐' 수장품 중 하나로 선정돼 땅 속에 묻혔습니다.

그러나 모든 것이 순탄하지만은 않았습니다. 이듬해 속옷 제조 대기업들이 정씨의 속옷이 '효과 없는 제품'이라며 사기죄로 고소하는 일이 있었습니다. 힘든 재판이 몇 년 간 이어졌고 결과 무죄 판결을 받았습니다. 하지만 소송하면서 빚은 불어났고 결국 특허권이 채권자들에게 넘어가 파산을 당하고 말았습니다. 그러나 이 위기를 가족들의 도움으로 이겨내며 서서히 일어섰습니다. 어렸을 땐 "하필이면 그 많은 발명 중에 속옷 발명이냐"며 아버지를 창피해 하던 딸은 이제 '속옷 박사'가 돼 아버지를 돕는 든든한 후원자가 되었습니다.

그러나 아직 그의 창조정신은 멈출 줄 모릅니다. 그의 소원은 죽기 전에 시각 장애인을 위한 등산로와 자석 신발 등 꼭 5개만 더 발명해 놓고 가는 것이라고 합니다. 하나님은 우리에게 무한한 창조정신과 지혜를 주셨습니다. 끊임없이 쏟아지는 노래, 춤, 책, 영화는 인간의 지혜가 어디까지일까 하는 생각도 듭니다. 물론 범죄자들의 기상천외한 범죄수법도 놀랄 정도입니다.

매년 추수감사절이 되면 거행되는 교구별 찬양 축제를 금년에도 은혜 중에 치렀습니다. 해마다 하다보니 '올해는 무엇을 할까?' 할 것이 없다고 고민하는 소리가 매년 조금씩 나옵니다. 그러나 막상 KBS HALL 무대에 올려보니 해마다 새롭고 참신한 작품들, 정성이 가득하고 감동을 주는 공연들이 매년 펼쳐집니다. 금년에도 진일보한 프로그램들이 선을 보였습니다. 외국에서 방문한 성도들과 다른 교회 성도들이 함께 참여하여 많은 감동과 은혜를 받았습니다. "우리도 언젠가는 해 보고 싶은데……" 부러워하기도 하며 칭찬을 아끼지 않았습니다. 그리고 갓 신앙생활을 시작한 성도들에게는 교회생활과 정착에 많은 도움을 줍니다. 물론 앞장서서 수고하는 분들은 힘이 들겠지만 수고한 것 이상으로 보람과 수확이 있고, 기쁨과 성장이 있는 법입니다. 그리고 주의 은혜를 우리가 무엇으로 보답하며 감사할 것인가를 생각하면 또 새로운 기대를 가지게 되고 힘이 생깁니다.

성경은 말씀합니다.

> "우리가 선을 행하되 낙심하지 말지니 피곤하지 아니하면 때가 이르매 거두리라"(갈 6:9)

2007. 11. 25.

14

전장(戰場)에 핀 '사랑의 기적'

이라크에 파병됐던 한 미군 장교가 어려운 장애물을 극복하고 이라크 장애아를 입양함으로, 전장(戰長)에서 핀 사랑의 기적을 이루어 많은 사람들을 감동시키고 있습니다. 사랑의 기적을 이룬 주인공은 이라크에서 대위로 근무했던 스코트 사우스워스(Southworth · 35)씨입니다. 그는 이라크에서 근무하던 2005년 1월, 뇌성마비에 걸린 이라크 소년을 미국으로 데려다 아들로 입양하는 데 성공했습니다. 당시 사우스워스는 집도 돈도 없는 총각이었습니다. 그는 2003년 9월, 이라크 바그다드의 한 고아원에서 알라 에딘(Eddeen · 당시 9세)을 처음 만났습니다. 뇌성마비로 팔다리와 얼굴에 마비 증세가 있는 알라는 세 살 때 바그다드 거리에 버려졌습니다. 사우스워스는 자원봉사를 하며 10개월 간 고아원을 드나들었고, 알라는 그런 그를 '바바(아빠)'로 부르기 시작했습니다. 사우스워스는 아이가 성장하면 정부시설로 옮겨져 "평생 벽만 보며 살게 된다"는 말을 듣고 입양을 결심했습니다.

그러나 알라의 미국행은 장애물이 한 두 가지가 아니었습니다. 그를 막아선 첫 관문은 외국인의 입양을 금하는 이라크 법이었습니다. 사우스워스는 물러서지 않고 이라크 정부에 사정한 끝에 2004년 귀국 직전 이라크 노동장관으로부터 '질병 치료'를 이유로 알라의 출국을 허가받았습니다. 그러나 또다른 장애물은 미국 비자 발급이었습니다. 비자 문제는 출국 허가보다 더 어려웠습니다. 사우스워스는 미 정부에 알라의 입국을 거듭 탄원했으나 허락되지 않았습니다. 하지만 그는 포기하지 않고 계속 추진했습니다. 사우스워스는 귀국 후에도 알라를 데려오는 일에 매달렸습니다. 그의 꿈이었던 고향 위스콘신에서 지방검사 선거에 출마하겠다는 자신의 꿈은 포기한 상태였습니다. 그러나 거짓말 같은 일들이 벌어졌습니다. 바쁜 아들을 대신해 부모가 대신 서류를 제출했고, 선거운동도 제대로 못한 그가 검사에 당선되는 놀라운 일이 벌어졌습니다. 이어서 미 정부가 '인도주의적 이유'를 내세워 이례적으로 알라의 입국을 허가했습니다. 사우스워스는 3시간 만에 비행기표를 구해 이라크로 향했고, 알라를 고향 위스콘신으로 데려오는 데 성공했습니다. 의료지원도 쏟아졌습니다. 부자(父子)는 지하실까지 휠체어 리프트를 갖춘 새 집으로 이사했습니다. 미국에 온 알라가 가장 좋아하는 노래는 자신의 미국행을 연상시키는 영화 주제곡 「일상의 기적」입니다. 사우스워스는 이제 또다른 기적을 준비하는 중입니다. 알라와 비슷한 처지의 이라크 장애아 21명을 미국으로 데려와 입양 가족을 찾아주는 일입니다.

최근 네덜란드 외교관 부부의 한국 어린이 입양 취소(파양) 사태가 국제적 논란으로 번지고 있는 가운데, 사우스워스의 알라 입양 소식은 적군의 나라인 전장터에서 피어난 아름다운 사랑의 기적이어서 더욱 우리에게 감동을 줍니다. 파양된 한인 여자 어린이 제이드(8) 양은 2000년 1월, 생후 4개월 만에 당시 한국에서 외교관으로 근무 중이던 네덜란드인 부부에게 입양되었습니다.

그러나 지난해 상반기 홍콩 사회 복지국에 인계되면서 2년째 외국인 가정에서의 안타까운 생활이 계속되자 네덜란드 언론 등에는 부부의 실명과 사진이 공개됐고, 한국·홍콩·네덜란드 등에서 비난이 빗발치자 네덜란드 외교부는 물의를 빚은 홍콩 주재 외교관 라이문트 푸테라이(55)를 조사하기 위해 귀국시켰습니다. 푸테라이 부부가 파양을 결정한 이유 중에는 제이드 양이 네덜란드 문화에 적응하지 못하고 그들이 만든 음식을 즐기지 않았다는 것입니다. 제이드는 심각한 형태의 '감정 접촉 공포증'을 앓고 있었고, '어머니의 선택'이란 입양 기관 전문가들과 의사들의 조언에 따라 홍콩 사회 복지국에 보낸 것이라고 해명했습니다. 그러나 국제 미아로 전락할 처지에 놓였다는 소식이 네티즌들 사이에 전해지면서 해외 입양 논쟁에 불이 붙은 것입니다.

입양은 쉬운 일이 아닙니다. 사랑과 헌신이 없이는 불가능합니다. 높은 기독교인의 신앙인격이 요구되는 일입니다.

성경은 말씀합니다.

> "각각 자기 일을 돌아볼 뿐더러 또한 각각 다른 사람들의 일을 돌아보아 나의 기쁨을 충만케 하라"(빌 2:4)

2007. 12. 30.

A Beautiful Concession

1. 웰빙의 완성은 웰다잉(well dying)
2. 탈북자를 돕는 것은 사랑을 실천하는 일입니다
3. 그는 진정한 영웅이었습니다
4. 블루 크리스마스
5. 어느 아버지의 재산 상속과 워런 버핏 회장이 찾는 후계자
6. 노예무역을 참회한 영국의 양심
7. 용서는 우리를 감동시키는 아름다움입니다
8. 한국인이 생각하는 행복의 조건
9. 아름다운 양보
10. 지사의 눈물
11. 세계로 수출하는 우수한 한글

PART 3

목회칼럼

01
웰빙의 완성은 웰다잉(well dying)

 우리 인생은 누구나 이 세상에서 잘 살다가 죽을 때도 잘 죽기를 원합니다. 노인들의 가장 큰 관심사 역시 건강하게 잘 사는 것뿐만 아니라 편안하게 고통 없이 잘 죽는 것입니다. 통계청이 올해 3월, 100세 이상인 961명 중 796명을 직접 만나 조사한 바에 따르면 이들의 가장 큰 소망은 '편안히 빨리 죽는 것'(23.8%)이었습니다. 자손이 잘 되는 것(21.8%)과 건강회복(16.8%)은 그 뒤를 이었습니다. 많은 사람들이 죽으면 모든 것이 끝난다고 생각하지만 그렇지 않습니다. 자살하는 사람도 자기가 죽으면 현실의 고통에서 벗어날 것이라고 생각합니다. 그러나 그의 자살로 인해 그를 사랑하는 많은 사람들이 얼마나 큰 고통을 겪는지 모릅니다.
 고령화 사회에선 노년기가 깁니다. 의료기술의 발달로 수명은 연장되지만 죽음을 염두에 두고 살아가는 기간이 그만큼

길어졌다는 얘기입니다. 그러다 보니 편안히 잘 죽는 법인 '웰다잉(well dying)'에 대한 관심이 많아지고 있습니다. '웰다잉'이란 인생의 마무리를 밝고 아름답고 품위 있게 한다는 의미입니다. 권력자나 평민이나 모든 사람은 죽음과 그 이후에 대하여 관심을 가지며 좋은 죽음을 맞으려고 준비합니다.

'사기(史記)'에 따르면 진시황은 제나라 사람 서시(徐市·서복(徐福)이라고도 함) 등의 상서(上書)에 따라 바다 가운데 신선(神仙)을 찾으러 수 천 명의 동남동녀(童男童女)를 보냈습니다. 원래의 목적은 불로초(不老草)를 찾기 위한 것인데 우리나라까지 왔다는 전설이 있습니다. 이는 현세의 권력으로 불사(不死)하려는 몸부림입니다. 그런가 하면 공자는 '논어(論語)' 이인(里仁) 편에서 "아침에 도를 듣고 깨달으면 저녁에 죽어도 좋다(朝聞道夕死可矣)"고 했습니다. 가장 현실적인 유학이 가장 현실 초월적인 사생관을 가지고 있으니 이 또한 아이러니합니다.

일본의 의사인 야마자키 후미오씨는 많은 사람들이 병원에서 임종을 맞이하는 현실이지만, 병원은 죽음을 맞이하기에 적절한 장소가 아니라고 합니다. 그는 16년 동안 1만 명 이상의 환자를 진료하고 300명에 가까운 환자들의 임종을 지켜보았습니다. 그리고 그는 "내가 만약 불치병으로 몇 개월 살지 못한다면 마지막 순간을 절대 병원에서 보내지 않겠다"는 결론을 내렸습니다. 튜브로 호흡을 하고, 수액과 진정제를 투여

받으며, 자신의 의사표시도 못한 채 극심한 고통 속에 연명하다가 눈을 감는 사람들을 병원에서 흔하게 볼 수 있습니다. 이에 반해 저자는 바람직한 죽음의 사례로 40대 말기 암 환자의 예를 들었습니다. 이 환자는 회생 가능성이 없다는 판정을 받자, 각종 약물치료에서 벗어나 마지막 몇 주일을 가족과 함께 보내며 차분히 인생을 정리하면서 다가오는 죽음을 담담하게 맞이합니다. 그리고 마지막 순간엔 "지난 1주일이 지금까지 살아 온 40여 년보다 훨씬 소중했다"고 말합니다. 그는 "모든 사람은 존엄하게 죽을 권리가 있다. 웰빙만큼이나 웰다잉이 중요하다"고 강조합니다. 일본에서 대표적 장수 지역인 나가노현에는 '핑핑 코로리'라는 말이 있습니다. 건강하고 활기차게 팽팽하게 살다가 덜컥 죽음을 맞이하는 이 지역 사람들의 삶을 요약한 말입니다.

장수가 의미 있으려면 단순히 수명만 연장되는 것이 아니라 죽기 직전까지 활기차게 살다가 죽음을 편안하게 맞이할 수 있어야 합니다. 죽음은 끝이 아니라 새로운 시작입니다. 모든 인간은 잘 살고 싶은 동시에 좋은 죽음을 맞이하고 싶어합니다. 그러나 진정한 '웰 다잉(well dying)'은 단순히 편안하게 잘 지내다가 죽음을 맞이하는 것이 아니라 죽음 이후의 영원한 세계를 확신하고 맞이하는 것입니다.

예수님은 말씀하셨습니다.

"내가 곧 길이요 진리요 생명이니 나로 말미암지 않고는 아버지께

로 올 자가 없느니라"(요 14:6),

"너희는 마음에 근심하지 말라 하나님을 믿으니 또 나를 믿으라 내 아버지 집에 거할 곳이 많도다 그렇지 않으면 너희에게 일렀으리라 내가 너희를 위하여 처소를 예비하러 가노니 가서 너희를 위하여 처소를 예비하면 내가 다시 와서 너희를 내게로 영접하여 나 있는 곳에 너희도 있게 하리라"(요 14:1-3)

2006. 11. 12.

02

탈북자를 돕는 것은
사랑을 실천하는 일입니다

중국에서 탈북자들을 돕다가 체포돼 수감됐던 최영훈(43)씨가 드디어 지난달 29일 오후 인천공항을 통해 고국 땅을 밟았습니다. 최씨는 2003년 1월, 중국 산둥성 옌타이항에서 보트를 이용해 탈북자 80여 명의 탈출을 도우려다 체포돼 징역 5년형을 선고받았습니다. 그리고 형기를 1년 남짓 남기고 가석방된 뒤 강제 추방을 당했습니다.

최씨의 귀환은 여러 사람들의 적극적인 구명운동의 결실입니다. 아내 김봉순씨는 남편의 석방을 위해 중국 당국에 호소하는가 하면, 1인 시위에 나서는 등 백방으로 뛰었고, 외교통상부 앞으로 수 차례 탄원서를 보냈으며, 노무현 대통령에게는 공개 편지도 보냈습니다. 본격적으로 최씨의 구명운동이 펼쳐진 것은 최근의 일입니다. 지난 9월에는 부인 김씨와 피랍 탈북 인권 연대, 자유 청년 연대, 북한 인권 국제 연대, 나라사랑시민연대 등의 단체들이 '최영훈 구명 국민 연대'를 만들었습니다. 외교통상부 앞에서 최씨의 즉각적인 석방을 요구하는 기자회견을 열었고, 10월에는 중국 대사관 앞에서 항의 시위를 펼친 후 '1만 명 국민 서명록'을 전달했습니다. 미국 디펜스포럼도 최씨의 구명운동에 동참했고, 송영선 의원을 비롯한 한나라당 의원들도 나서기 시작했습니다. 큰딸 수지는 '아빠가 돌아오는 대로 가족사진을 찍어서 거실에 걸어두는 소원'을 이룰 수 있게 됐습니다.

북한을 탈출한 후 남한에 정착한 사람(새터민)은 1953년 휴전 직후부터 있었지만 과거엔 개인적인 사유가 많았고 극소수였습니다. 훈련용 비행기로 남하한 이웅평 대위(1983년), 리철수 대위(1996년)가 대표적입니다. 그러다가 탈북이 국제적인 문제로 떠오른 것은 북한이 '고난의 행군' 시기로 부르는 1990년대 중반부터입니다. 1994년 김일성 국가 주석의 사망 후 구심점을 잃은 북한은 소위 주체 농법의 실패, 그리고 미국과의 관계 악화에다 자연재해까지 겹치면서 식량이 절대적으로 부족해져 배급제를 중단하게 되었습니다. 자유로운 시장이 형성돼 있지 않은 북한에서 배급제 중단은 바로 대 기근을 의미했습니다. 1995년부터 3년 간 북한에서 발생한 아사자 수는 370만 명으로 추산합니다. 이 때부터 압록강이나 두만강을 건

너는 보통 주민들의 '생존형 탈북'이 본격적으로 시작됐습니다.

동서가 바다이고, 남쪽은 휴전선으로 막힌 북한에서 중국과의 국경선인 압록강과 두만강은 유일한 탈출구입니다. 초기엔 중국에 정착하거나 재중 한국대사관, 혹은 선교단체의 도움을 받아 한국행 비행기나 배를 타는 것이 가능했습니다. 그러나 지금은 탈북자에 대한 중국의 감시가 엄격해져 중국에 숨어서 살거나 중국을 빠져나와야 한다는 것입니다. 탈북자들이 그 다음으로 발견한 루트는 중국 남단 원난성에서 베트남으로 나오는 것입니다. 그러나 이 길은 2004년 7월, 한국 정부가 베트남에 집결한 468명의 탈북자를 두 차례에 나눠 한국으로 데려오면서 노출된 이후 거의 폐쇄된 상태입니다. 지금은 미얀마나 라오스를 한 번 더 거친 후 태국에 모였다가 한국행 비행기를 타는 경우가 흔합니다. 멀고도 먼 길을 돌아 남한으로 오는 것입니다.

탈북자를 돕는 운동은 주로 기독교 단체를 중심으로 계속되어 오고 있습니다. 그들은 위험을 무릅 쓰고 탈북자들을 돕기 위해 헌신적으로 수고합니다. 이들의 희생적인 노력으로 많은 탈북자들이 자유를 얻었으며 그 일은 앞으로도 계속될 것입니다. 우리는 이들의 수고를 기억하고 격려해야 할 사명이 있습니다. 탈북자들은 결국 우리 동포요 우리의 형제입니다. 그러므로 당연히 우리 국민이 도와야 합니다. 북한은 물론 중국의 감시와 위협을 피해가면서 사명감으로 탈북자들을 돕는 분들에게 우리는 힘을 실어 주어야 합니다. 북한이 자유롭고 잘 사는 나라가 되기 전까지는 탈북자들의 행렬은 이어질 것입니다. 따라서 그들을 도울 손길도 그 만큼 필요할 것입니다. 북한을 위해 기도하고 탈북자들에게 조금이라도 도움의 손길을 내미는 것이 바로 탈북자들을 돕는 일이요 사랑을 실천하는 길이 아니겠습니까?

성경은 말씀합니다.

"사랑엔 거짓이 없나니 악을 미워하고 선에 속하라"(롬 12:9)

2006. 12. 3.

03
그는 진정한 영웅이었습니다

　미국 오리곤 주 록키산맥에서 길을 잃은 뒤, 가족들의 구조요청을 위해 혹한과 폭설을 뚫고 길을 나섰던 제임스 김이 6일(현지 시각) 끝내 산속에서 숨진 채로 발견됐다는 소식이 전해지자 미국뿐만 아니라 전 세계에서 애도의 물결이 이어졌습니다. 샌프란시스코에 사는 김씨는 지난달 17일 부인 캐티(30)와 두 딸과 함께 여행을 떠나 25일, 포틀랜드에서 친구를 만난 뒤 집으로 향하던 중 시스키유 국립공원의 험준한 산악도로로 접어들었다가 폭설에 갇혔습니다.
　워낙 오지여서 휴대전화를 통한 구조요청조차 할 수 없었던 김씨의 가족들은 밤에는 영하 20도까지 떨어지는 혹한과 싸워야 했습니다. 김씨와 가족들은 약간의 스낵류와 열매 등으로 연명하면서 아이들에게 젖을 먹이며 버텨왔습니다. 그러나 휘발유마저 떨어져 더 이상 난방이 어렵게 되자 자동차 타이어를 태우며 추위를 견뎠다고 합니다. 결국 김씨는 사고 발생 1주일 만인 지난 2일 구조를 요청하겠다며 랜턴만 가지고 가족들과 헤어져 길을 나섰습니다. 그러나 험준한 산악지대에서 길을 잃은 듯 소식이 끊겼습니다. 김씨가 복귀 예정일인 27일까지 돌아오지 않자 다음 날, 김씨가 수석 편집자로 일했던 온라인 웹진 CNET의 직원들이 실종신고를 내면서 김씨 가족에 대한 대대적인 수색작업이 벌어졌습니다. 그나마 캐티와 두 딸은 이틀 뒤인 4일에 헬기가 다가오자 우산을 흔들어 극적으로 구출됐습니다. 자녀들은 아주 건강했고, 캐티도 발가락에 동상을 입은 것 외에는 건강이 양호한 상태였습니다. 이후 수색팀은 김씨의 생존 가능성에 희망을 갖고 100여 명의 구조대원과 헬리콥터와 구조견 등을 동원해 집중 수색을 펼쳤다가 김씨의 옷과 지도 등의 소지품을 발견했습니다.

그러나 안타깝게도 김씨는 '빅 윈디 크릭(Big Windy Creek)'이라고 불리는 로그 강가의 계곡에서 차디찬 시신으로 발견됐습니다. 조난된 지 11일 째, 구조요청을 위해 가족과 헤어진 지 4일 만이었습니다. 그가 발견된 지점은 가족들이 구조된 곳에서 불과 1.6km밖에 떨어지지 않은 곳이었습니다. 구조당국은 김씨가 영하의 강추위와 20~30cm가량 쌓인 눈 속에서 동사한 것으로 보고 있습니다. 구조작업을 펼쳐 온 오리건주 경찰은 "동쪽 방향으로 떠난 제임스 김이 협곡 속에서 13km 정도를 헤맨 것 같다"며 제임스 김은 물에 흠뻑 젖었던 것 같다고 전했습니다. 구조대원들은 "발자국을 따라와 보니, 그가 물을 만나 강추위 속에서 헤엄칠 수밖에 없었던 것 같다. 그는 몹시 의지가 강한 사람이 분명하다"고 말했습니다. 그는 오로지 가족을 구하겠다는 일념으로 폭설을 뚫고, 바위와 우거진 잡목과 차가운 강물을 헤치고 전진한 것입니다. 조세핀카운티의 브라이언 앤더슨(Anderson) 경찰국장 대리는 "그는 가족을 구하기 위해 초인적인 노력을 기울였다"고 말했습니다. 김씨 가족이 실종된 뒤 구조대 활동을 생방송으로 중계해 오던 CNN과 폭스뉴스, ABC방송 등은 김씨의 소식을 특집으로 보도했습니다. 6일 기자회견에서 제임스 김씨의 구조 작업을 지휘해 온 미 오리건주 조세핀카운티의 브라이언 앤더슨 경찰국장 대리가 김씨의 시신을 발견했다고 말하던 중 감정이 북받쳐 고개를 돌린 채 눈물을 떨궜습니다.

샌프란시스코에 있는 제임스 김 가족 소유의 상점 앞에는 그의 죽음을 애도하는 엽서, 촛불, 꽃들이 밀려들었습니다. 김씨가 수석 편집자로 일했던 온라인 웹진 CNET의 홈페이지와 주요 웹사이트에는 김씨의 안타까운 죽음에 대한 추모의 글들이 속속 올라왔습니다. "그는 진정한 영웅이었습니다.", "부인과 두 딸을 위해 마지막까지 보여 준 헌신적인 부정(父情)은 결코 잊을 수 없다.", "극단적인 희생정신의 표본(ID ronanw)", "타이타닉 영웅보다도 더 위대한 영웅" 장인인 필 플리밍은 "사위는 영웅적인 아버지였다"고 말했습니다. 가족을 살리기 위해 자신을 희생한 아버지, 그리고 남편의 사랑은 아름답습니다.

오늘날 가정이 무너져 가는 이 시대에 가족을 위해 희생적인 사랑을 하는 진정한 영웅들이 많을수록 우리 사회는 더욱 더 아름다워질 것입니다.

성경말씀은 말씀합니다.

"모든 것을 참으며 모든 것을 믿으며 모든 것을 바라며 모든 것을 견디느니라"(고전 13:7)

2006. 12. 10.

04

블루 크리스마스

 가족을 잃고 슬퍼하는 사람들을 위한 '블루 크리스마스' 예배가 미국에서 새로운 풍속으로 자리잡고 있습니다. '블루 크리스마스' 예배는 사랑하는 이를 사별이나 이혼 등으로 잃고 갑자기 생긴 빈 자리 때문에 고통받는 '빈 의자 신드롬'에 시달리는 이들을 위한 것입니다.

 '블루 크리스마스' 예배를 드리는 교회들은 낮이 가장 짧고 밤이 가장 긴 동짓날 저녁에 주로 이 예배를 드립니다. 지난 19일 저녁, 미국 버지니아 주에 있는 리치먼드대학 구내 캐논 메모리얼 채플에서 열린 '블루 크리스마스' 예배에는 60여 명이 참석했습니다. 들뜬 분위기는 찾아볼 수 없었고 침울한 피아노 연주가 예배당 분위기를 압도했습니다. 참석자들이 부둥켜안고 마음껏 우는 순서도 있었습니다. 통상적인 크리스마스 풍경과는 다소 다른 예배로 크리스마스 캐럴이나 즐거운 분위기는 찾아 볼 수 없고 우울한 멜로디의 피아노 연주가 울려 퍼졌습니다. 교회 곳곳에는 빨간색이나 금색의 화려한 크리스마스 장식 대신 슬픔을 상징하는 파란색 천이 걸렸습니다. 초록색 나무 장식 대신 죽은 나뭇가지가 배치됐습니다. 예배 중간에는 60여 명의 참석자들이 서로 부둥켜안고 울음을 터뜨리기도 했습니다. 종교에 관계없이 누구나 참석할 수 있는 '블루 크리스마스' 예배의 현장입니다.

한때 카운슬러로 일했던 리치먼드대 교회 케이트 오드와이어 랜들 목사는 "이 예배가 전통적인 형태는 아니지만 가족이 한 자리에 모이는 연말연시에 가족의 빈 자리 때문에 슬퍼하는 이들에게 다소 위안을 줄 수 있다"고 말했습니다. 10년 이상 '블루 크리스마스' 예배를 드리고 있는 매사추세츠주 노스보로의 트리니티 교회의 담임목사인 신시아 메이벡은 "떠들썩한 연말 분위기에는 가족을 잃고 상심하는 이들의 슬픔은 더 커지게 마련"이라고 말했습니다. 메이벡 목사는 19일 예배에서, 추위와 암흑을 뚫고 예수를 찾아 간 동방박사들의 이야기를 주제로 슬픔으로 고통받는 신자들을 위로했습니다.

성탄절이 대부분의 사람들에게는 기쁘고 즐거운 날이지만 견디기 힘들고 괴로운 경우도 적지 않은 것이 현실입니다. 이를 감안해 성탄절이 다가오면 더 슬픈 사람들을 위한 '블루 크리스마스' 예배가 미국에서 서서히 자리잡아 가고 있습니다. 아직 일부 교회만이 '블루 크리스마스' 예배를 드리고 있지만 슬픔을 안고 있는 사람들에게는 상당한 위안이 된다는 평판을 듣고 있습니다. 교회는 크리스마스가 다가오면 사별이나 이혼 등으로 '빈 의자 신드롬(empty chair syndrome)'을 앓는 사람들이 많다는 것에 착안해서 이와 같은 프로그램을 마련했다는 설명입니다. 주위의 들뜬 분위기와는 반대로 심리적으로 더욱 더 어려운 상황에 처하게 되는 사람들을 위한 예배는 보통 동짓날 저녁에 드립니다. 1년 중 밤이 가장 긴 날 저녁에 드리는 예배라는 뜻으로 '가장 긴 밤(Longest Night)' 예배라는 이름을 붙였습니다.

12월 초에 40년 간 함께 살아 온 남편과 사별했다는 한 여성은 "이 예배는 올해 성탄절을 준비하는 과정으로 성탄절을 어렵게 보낼 것을 각오하고 있다. 다른 사람들의 시선을 의식하지 않고 마음껏 울 수 있는 이런 예배가 마음에 든다"고 말했습니다. 매사추세츠 주에 있는 노스버러 트리니티 교회를 담임하고 있는 신시아 메이벡 목사는 '가장 긴 밤' 예배에서 신약성경에 등장하는 동방박사들의 이야기를 설교의 중심 테마로 삼았습니다. 그들이 어린 예수를 만나 경배하기까지 별빛을 따라 추위를 이기며 긴 여행을 한 것을 이야기함으로써 고통의 터널을 지나는 신자들을 격려했습니다.

우리 주위에는 어려움을 당하고 있거나 외롭게 살아가는 사람들이 많이 있습니다. 특히 성탄절을 맞이하면 더욱 더 고독하고 힘들어 하는 사람들, 과거의 추억 때문에 고통을 받는 사람들이 많이 있습니다. 그들에게 작은 관심과 격려와 사랑을 주면 큰 힘이 될 것입니다. 금번 성탄절에는 작은 것이라도 이웃에게 그리스도의 사랑을 실천해 봅시다.

성경은 말씀합니다.

"오늘날 다윗의 동네에 너희를 위하여 구주가 나셨으니 곧 그리스도 주시니라"(눅 2:11)

2006. 12. 24.

05

어느 아버지의 재산 상속과 워런 버핏 회장이 찾는 후계자

　5남매를 모두 대학까지 공부시키고 결혼도 시키고, 이제는 한시름 놓은 어느 아버지가 건강이 나빠지게 되었습니다. 그래서 하루는 자식, 며느리, 사위들을 불러모았습니다. "네 애비가 너희들을 키우고 사업을 하느라 빚을 좀 졌다. 빚에 빚이 늘어나 지금은 한 7억 정도가 된다. 내가 건강이 안 좋고 이제는 벌 능력도 없으니 너희들이 얼마씩 갚아 줘야겠다. 여기 이 종이에 얼마씩 갚겠다는 금액을 좀 적어라." 아버지의 재산이 좀 있는 줄 알았던 자식들은 서로 얼굴만 멀뚱멀뚱 쳐다보고는 아무 말이 없었습니다. 그 중 그리 넉넉하지 못한 셋째 아들이 종이에 '5천만원'이라고 기록했습니다. 그러자 마지못해 나머지 자식들은 마치 경매가격을 매기듯 '1,000만원', '1,500

만원', '2,000만원', '2,500만원'을 기록했습니다. 몇 개월 후 다시 아버지가 이들을 불러모았습니다. "내가 죽고 나면 너희들끼리 얼마 되지도 않은 유산으로 싸움질하고 형제지간에 반목할까봐 재산을 정리했다. 지난번에 너희가 적어 낸 액수의 5배를 지금 주겠다. 너희들에게 줄 재산 상속은 이것이 전부다." 액수를 적게 적은 자식들은 얼굴빛이 변할 수밖에 없었습니다.

세계에서 두 번째 부자인 버크셔 해서웨이 사(社)의 워런 버핏(Buffett·76)회장은 1956년 100달러로 투자를 시작하여 현재 60여 개 회사(총 자산 2,484억달러)를 거느린 전설적인 투자가입니다. 버크셔의 최근 25년간의 투자 수익률은 연평균 약 25%입니다. 올해 76세인 버핏은 1일(현지 시각) 공개한 '연례 투자서한(Warren Buffet's Letters to Berkshire Shareholders)'에서 자기를 대신하여 그의 뒤를 이어 383억달러(약 36조원·2006년 말 현재)의 현금을 운용할 후계자를 찾겠다고 공개 발표했습니다. 그는 작년 6월에 재산의 85%인 374억달러를 기부하겠다고 발표해 세상을 깜짝 놀라게 했습니다. 버핏은 필요할 경우 최고 투자책임자(CIO)로 젊은 사람이나 여성을 고용할 계획이라고 밝혔습니다. 버핏은 자신의 아들인 하워드 버핏을 후계자로 임명했지만, 핵심적인 역할을 맡을 실질적인 후계자는 CIO라고 말한 바 있습니다. 버핏은 "나의 후임으로 버크셔 해서웨이 최고경영자(CEO)를 역임할 3명의 뛰어난 후보자가 있으며, 이 중에서 보다 젊고 자신의 투자철학을 보다 더 잘 이해할 수 있는 사람을 버크셔 헤서웨이의 투자책임자로 앉히겠다고 밝혔습니다. 일단 버핏은 그동안 후계자로 지목돼 왔던 찰스 밍거 버크셔 헤서웨이 부회장이나, 자동차보험사 게이코의 투자책임자인 루 심슨 등은 나이가 너무 많아 일시적인 후계자 이상의 역할을 할 수는 없을 것이라는 점을 분명히 했습니다. 루 심슨은 70세이고, 찰스 밍거도 74세입니다. 그의 후계자로 예상됐던 버크셔의 자회사 가이코(Geico)의 CEO인 루 심슨(Simpson · 70)에 대해 버핏은 너무 고령(高齡)이라고 결론을 내렸습니다. 그것은 보다 젊은 인재를 찾아 맡기겠다는 뜻으로 받아들여집니다.

버핏이 찾는 젊은 인재는 자신과 같은 투자철학을 가진 사람이어야 합니다. 버핏은 자신이 잘 아는 유망기업의 내재가치를 분석한 뒤 그보다 낮은 가격에 사서 장기간 보유하는 가치투자를 고집하고 있습니다. 만약 후계자 선정을 잘못 한다면 그동안 가치투자로 명성을 떨쳤던 버크셔 헤서웨이의 명성에 누를 끼칠 수 있기 때문에 무척 신중합니다. 버핏이 밝힌 조건은 네 가지로 ①독립적인 사고방식을 갖추고 ②위기를 인식하고 피하는 능력을 지녔으며 ③감정적으로 안정돼 있고 ④인간과 기관의 행동에 대해 예민한 통찰력을 갖추고 있어야 합니다.

재산은 하나님께서 우리에게 맡기신 것이지 결코 내 것이 아니라는 청지기 의식을 가진 사람들이 많아야 합니다. 우리에게 맡겨진 각자의 달란트를 잘 활용하는 것이 중요합니다. 그러나 많은 사람들은 자신이 소유한 모든 것이 자신의 것으로 생각하여 자녀들과 일족에게 모든 것을 다 물려주려고 합니다. 그러나 그보다 사회와 나라를 생각하는 청지기로서의 자세가 어느 때 보다도 우리에게 필요합니다.

예수님은 말씀하셨습니다.

"너희는 먼저 그의 나라와 그의 의를 구하라 그리하면 이 모든 것을 너희에게 더하시리라"(마 6:33)

2007. 3. 11.

06
노예무역을 참회한 영국의 양심

2주일 전 영국 런던에서는 뜻 깊은 행사가 진행되어 많은 사람을 감동시켰습니다. 그 이벤트는 영국이 오래 전에 행했던 노예무역에 대한 참회였습니다. '노예거래 금지법' 제정 200주년을 기념해 성공회가 주도한 노예무역 참회 행사였습니다. 런던의 빅토리아공원에서 양손이 쇠사슬에 묶인 백인 6명이 한 흑인 여자 앞에 "씻을 수 없는 백인 선조들의 죄를 깊이 사죄합니다"라며 무릎을 꿇었습니다. 흑인 여자는 백인들을 껴안고 "고맙다"며 용서했습니다. 작년 6월엔 최초의 노예상 존 호킨스의 후손 앤드루 호킨스가 아프리카를 찾아 감비아 사람 2,500명 앞에 무릎을 꿇고 선조의 잘못을 빌었습니다.

노예무역 근절은 하루아침에 된 것이 아닙니다. 영국의 양심적인 한 사람의 헌신에 의해 이루어진 것입니다. 푸른 눈과 오똑한 콧날을 가진 조용한 거인 윌리암 윌버포스가 그 주인공입니다. 그는 불굴의 신념으로 부패한 사회를 개혁한 '영국의 양심'입니다. 당시 영국, 스페인 등이 식민지에 공급한 노예가 3백만 명으로, 영국 국가수입의 1/3에 달하는 노예무역을 근절하기 위한 그의 투쟁은 처절했습니다. 18세기 말, 세계 최고의 해군력과 상선을 보유하고 있던 영국은 아프리카 흑인들을 북미대륙으로 실어 나르는 노예무역의 핵심적인 역할을 했었습니다. 노예무역은 연간 수 만 명의 고용을 창출하여 식민지 산업의 기둥이 되었으며 해군력 증강 등 국가안보에도 큰 공헌을 했습니다. 당시의 기득권층인 상인조합, 금융가, 재벌, 군벌, 왕족, 귀족들은 그를 제거하기 위해 암살기도, 중상모략, 악의에 찬 비방 등 모든 수단을 총동원했습니다. 이러한 위협에도 불구하고 그는 시와 노래 등 문화적 접근, 사진 판매 및 탄원서 제출, 노예제도를 통해 생산된 설탕 불매운동을 비롯한 다양한 방식의 대중여론 형성과 하원의원으로서의 입법활동 등 모든 수단을 총동원하여 자신의 뜻을 관철해 나갔습니다. 왜소한 체구의 윌버포스는 150회나 되는 대의회 논쟁을 통해 "영국이 진정으로 위대한 나라가 되려면 하나님의 법을 따라야 한다. 영국이 황금에 눈이 어두워 노예제도를 고집한다면 살아남지 못할 것이다"라고 경고했습니다. 그는 매력적인 목소리를 가진 정치가였는데 그의 독특한 어조의 멋진 연설에 그의 정적(政敵)들도 기꺼이 귀를 기울였다고 합니다. 드디어 1807년, 영국 하원은 그에게 유례가 없는 열광과 존경을 보내면서 '노예무역 금지법'을 통과시켰습니다.

　그의 의지와 신념은 거기에 머무르지 않고 아예 인류 최대의 악습인 노예제도를 폐지하는 쪽으로 밀어붙였습니다. 1787년 10월 28일, 28세의 젊은 하원의원 윌버포스의 일기장에는 이렇게 쓰여 있었습니다. "전능하신 하나님께서는 내게 두 가지 목표를 주셨다. 하나는 노예무역을 금지하는 것이고 하나는 악습을 철폐하는 것이다." 마침내 1833년 7월 27일, 윌버포스가 뜻을 세운지 56년 만에 영국 의회는 노예제도를 영원히 폐지하는 법안을 통과시켰습니다. 그리고 열흘 후 8월 6일, 그는 필생의 목표를 이룬 환희와 감격 속에 생을 마감했습니다. 그로부터 1년 후인 1834년 7월 31일 밤 12시를 기해 80만 명의 노예가 자유인이 되는 전 세계 역사에 획을 긋는 엄청난 일이 발생했습니다.

　인간은 누구나 다 잘못된 판단을 할 수 있고 그 결과 잘못을 범할 수도 있습니다. 그러나 그 잘못을 인정하고 회개하고 고백하는 것이 중요합니다. 그러나 이웃 나라 일본에서는 불과 수십 년 전에 군국주의자들에 의해 자행된, 한국 여성을 비롯한 아시아인들에게 행한 여성 위안부 일명 '정신대'의 인권 유린과 악행을 부인하고 있습니다. 총리까지 나서 변명, 또는 잘못이 없다는 발언을 해 미국과 캐나다 등 세계 여러 나라들로부터 집중 규탄을 받고 있습니다. 지금이라도 "우리가 잘못했습니다. 용서해 주십시오. 진정한 이웃으로 대함으로써 보상

하겠습니다. 피해자들에게 사죄하고 그들을 위로하겠습니다" 라고 고백하고 행동한다면 얼마든지 용서하고 용서받을 수 있을 것입니다. 나아가 더 우호적인 미래의 역사를 함께 만들어 갈 수 있을 것입니다. 영국의 백인이 흑인에게 사죄하고, 흑인은 고맙다며 안아주는 감동적인 참회가 우리 사회를 더욱 더 아름답게 만들어 갈 것입니다.

예수님은 말씀하셨습니다.

> "내가 의인을 부르러 온 것이 아니요 죄인을 불러 회개시키러 왔노라"(눅 5:32)

2007. 4. 1.

07
용서는 우리를 감동시키는 아름다움입니다

   1999년 4월, 미 콜로라도 컬럼바인 고등학교에서 2학년생 에릭과 딜런이 학생 12명과 교사 1명을 총으로 살해하고 자살했습니다. 추모식장에 포스터가 붙었습니다. "억울한 희생자 13명에게만 꽃과 기도를 바친다. 2명의 악마는 제외한다." 교정 언덕에 15명의 묘지가 세워졌습니다. 일부 희생자 가족은 "살인자도 똑같이 대접하느냐"며 무덤에 세워진 두 곳의 십자가를 떼었습니다.

   그런데 금번 버지니아 공대에서의 32명을 살해한 조승희씨에 대한 미국의 시각은 감동적입니다. 엄청난 희생과 충격의 현장 버지니아 공과대학 본부 앞에는 살인범 조승희씨를 포함한 사망자 전원의 추모석 33개가 세워졌습니다. 범인 조승희씨의 추모석은 희생자 33명 중 네 번째 자리에 있습니다. 추모석에는 희생자들을 애도하는 글귀와 함께 대학 깃발과 성조기가 꽂혔습니다. 그의 추모석은 며칠 뒤 누군가에 의해 치워졌지만 "우리는 당신을 용서한다. 우리도 용서받았기 때문이다.", "너를 미워하지 않아. 도와주지 못해 오히려 미안해.", "네가 그렇게 필요했던 도움을 받지 못했던 걸 알고 마음이 아팠어.", "얼마나 힘들었니. 홀로 끔찍한 고통을 겪었던 네게 손 한 번 내밀지 않았던 나를 용서해 줘." 등의 편지는 그대로 있다고 합니다. 수업 재개를 앞두고 23일에 열린 추모식에선 종이 33회 울리고 풍선 33개가 띄워졌습니다. 사망자를 기리는 하얀 깃발 33개도 나부꼈습니다. 이 대학 인터넷신문에는 조승희씨의 가족을 위로하는 글들이 올랐습니다. 조승희씨 누나의 사과문에 대해 한 네티즌은 "당신도 사랑하는 사람을 잃었다"고 위로했으며, 다른 네티즌은 "내 기도 명단에 조승희씨의 가족을 올린다"고 했습니다. 우리의 가슴을 감동케 하는 모습들입니다.

1998년 미국 오클라호마시티에서 수 백 명의 희생자를 낸 테러에서 세 살배기 딸을 잃은 아버지가 "학살 책임자 티모시 맥베이의 처형을 바라느냐"는 물음에 대해 "용서하고 나니 마음이 후련해졌어요"라고 말했습니다. 연쇄 살인범 유영철씨에게 가족 셋을 빼앗긴 고정원씨는 지난해 유씨의 사형을 원치 않는다는 탄원서를 낸 뒤에 용서는 물론 그를 양자로 삼겠다고 했습니다. 중국 강제수용소에서 20년을 보냈던 달라이 라마는 자신이 중국인들을 미워함으로 자비심을 잃지 않을까 하는 것이 가장 두렵다고 말했습니다. 그러면서 "용서는 자신에게 베푸는 가장 큰 자비이자 사랑"이라고 강조했습니다. "나를 고문한 사람들을 증오하게 될까봐 두려웠던 적이 많았습니다. 그렇게 되면 나 자신을 스스로 파괴하는 것이 될 테니까요."

용서하면 몸과 마음에 긍정적인 변화가 일어납니다. 용서하는 사람일수록 우울증과 스트레스가 적고 삶의 목표가 원대하며 인간관계도 원활합니다. 그렇다고 볼 때 용서는 본인과 상대는 물론 세상을 행복하게 바꾸는 양약입니다. '사랑의 원자탄'의 주인공인 손양원 목사는 두 아들을 죽인 공산주의자를 처형에서 구하기 위하여 군 지휘자를 찾아가서 설득하여 결국 자신의 양자로 삼았습니다. 그를 용서하는 것도 어려울 텐데 그의 아들로 삼은 것은 놀라운 용서요 사랑입니다.

용서는 누구나 할 수 있는 것이 아닙니다. 미움과 원망의 짐을 마음에서 내려놓고 이해와 포용의 끈을 붙잡기란 말처럼 쉽지 않습니다. 사랑은 인간의 힘으로 되는 것이 아닙니다. 먼저 하나님께서 나의 모든 허물을 이미 다 용서하셨음을 깨달아야 합니다. 또한 하나님의 용서야말로 우리가 다른 사람을 용서할 수 있는 능력의 근원임을 알아야 합니다. 그리고 나의 상처를 하나님의 손에 맡겨야 합니다. 용서 속에는 다른 사람은 물론 자신의 내면까지 변화시키는 놀라운 능력이 숨어 있습니다. 용서하고 사랑을 베풀기 위해서는 십자가를 짊어지는 희생이 있어야 합니다. 십자가를 짊어지지 않으면 결코 용서와 사랑은 나타나지 않습니다.

예수님은 말씀하셨습니다.

"너희 듣는 자에게 내가 이르노니 너희 원수를 사랑하며 너희를 미워하는 자를 선대하며 너희를 저주하는 자를 위하여 축복하며 너희를 모욕하는 자를 위하여 기도하라(눅 6:27-28)

2007. 4. 29.

08
한국인이 생각하는 행복의 조건

 삼성 경제 연구소와 성균관대는 이와 같은 내용의 제4차 '한국 종합 사회 조사(KGSS)' 결과를 24일 공개했습니다. KGSS는 두 기관이 미국 시카고대 주도로 세계 39개국이 회원인 '국제사회 조사기구'에 가입한 이후 2003년부터 연례적으로 실시하는 조사로, 지난해 전국의 18세 이상 남녀 1,605명을 대상으로 했습니다. 설문 대상자에게 "귀하는 요즘 생활 전반에 대해 어느 정도 만족하십니까"라는 질문에 불만족(1점), 중간(2점), 만족(3점)이라는 선택지를 줬을 때 평균 만족도와 월평균 가구 소득은 별다른 상관이 없는 것으로 나타났습니다. 월평균 가구 소득이 없는 응답자의 평균 만족도는 2.44, 100만원 미만은 2.23, 100만-200만원은 2.25로 모두 가구 소득이 700만원 이상인 응답자의 평균만족도 2.22보다 높았습니다. 또 월평균 가구 소득이 200만-300만원(2.13), 300만-400만원(2.12), 400만-

500만원(2.15), 500만-600만원(2.04), 600만-700만원(2.18)도 다 월평균 가구 소득 200만원 이하인 응답자들보다 만족도가 떨어졌습니다.

응답자의 절반에 가까운 중산층 775명은 우리나라 경제 전망에 대해서는 낙관하는 반면, 정치에 대한 불만족과 정부기관에 대한 불신은 심화되고 있는 것으로 나타났습니다. 우리 경제의 미래에 대해 좋아질 것이라고 답한 중산층은 3년 전 43%에서 48%로 늘어나 긍정적인 견해가 우세했습니다. 하지만 정치에 대한 만족도는 불만족하다는 의견이 74%로 지배적이었습니다. 중산층이 가장 신뢰하는 사회기관은 공동 1위가 금융기관·의료계·학계였으며, 청와대와 지방정부, 중앙정부, 국회는 각각 13위, 14위, 15위, 16위로 최하위에 머물렀습니다. 공동 4위는 군대와 대법원이었습니다.

미국인은 소득 수준이 높을수록 만족도의 지수는 올라갑니다. 절대적인 소득보다는 다른 사람들보다 잘 산다고 느낄 때 삶의 만족도가 높습니다. 반면 한국인의 경우는 다른 사람들보다 잘 산다고 느껴야 행복했습니다. 이것은 "높은 소득이 높은 만족으로 연결되지 않는 것은 한국인이 자신의 소득을 다른 사람과 비교하기 때문"이라고 한 전문가는 분석했습니다. 연령이나 혼인 유무별 만족도(불만족 1, 중간 2, 만족 3)를 보면 한국인은 20대의 높은 만족도가 30대에 최고조에 이릅니다. 40대 이후부터는 나이가 들수록 만족도가 떨어졌습니다.

유럽인이 30대에 삶의 만족도가 가장 낮은 U자형 패턴을 보이는 것과 차이가 납니다. 미혼자와 기혼자의 만족도는 동일해 결혼한 사람이 더 행복감을 느끼는 유럽인과 달랐습니다. 절대적인 소득 수준은 만족도 차이에 크게 영향을 미치지 않았습니다. 30대가 가장 불행하다고 느끼는 유럽인과 달리 한국인은 20-30대가 인생에서 가장 행복한 시기라고 생각합니다.

고학력일수록 행복하지만 결혼 유무는 행복의 조건과는 상관이 없었습니다. 많이 배울수록 한국인의 행복감은 높아집니다. 초등학교 졸업자의 만족도는 1.97이지만 학벌이 높을수록 만족도는 올라가 박사학위 소지자의 만족도는 2.71로 가장 높았습니다. 가치 척도를 종교(2.48), 가족(2.28), 여가(2.23)에 두는 사람은 아주 높은 만족도를 보였으나, 돈(2.05)을 최고의 가치로 두는 사람은 만족도가 낮았습니다. 이와 같은 경향은 선진국과 비슷하지만 종교의 종류보다는 종교 행사에 출석하는 빈도가 더 행복감을 좌우했습니다. 타인과 사회를 신뢰하는 사람의 만족도 역시 높았습니다.

사람의 행복은 결코 많은 소유에 있지 않다는 것을 압니다. 그러나 의외로 소유가 많으면 행복할 것이라고 생각하는 사람들이 많습니다. 그래서 많은 소유를 얻기 위해서 범죄까지 서슴지 않는 것이 우리 사회의 현상입니다. 공부를 많이 하는 것, 지식이 많은 것도 반드시 행복의 조건이 되지 않습니다. 참된 행복은 우리 인생을 창조하신 하나님을 경외하고 그 말씀에 따를 때 이루어집니다. 전무후무한 지혜의 왕 솔로몬은 모든 부귀 영화를 다 누렸으며 학문이 뛰어났습니다.

그러나 그는 이렇게 고백합니다.

"내 아들아 또 경계를 받으라 여러 책을 짓는 것은 끝이 없고 많이 공부하는 것은 몸을 피곤케 하느니라 일의 결국을 다 들었으니 하나님을 경외하고 그 명령을 지킬지어다 이것이 사람의 본분이니" (전 12:12-13)

2007. 5. 27.

09

아름다운 양보

생존 경쟁으로 각박하고 이기주의로 둘러싸인 우리 사회에 상대방을 배려하고 자신을 낮추며 희생하는 양보는 우리 사회를 더욱 밝고 행복하게 만드는 원동력이 됩니다. 온 국민이 안타까워하며 기도하고 있듯 우리 국민이 아프가니스탄 탈레반에 의해 억류되었습니다. 풀려난 2명의 여성에 의해 밝혀진 아름다운 양보가 많은 사람들을 감동시키고 있습니다. 주인공은 자신이 석방자로 지명됐음에도 불구하고 다른 인질에게 석방을 양보한 이지영(36)씨입니다. 앞서 석방돼 국군 수도 병원에 입원 중인 김경자(37), 김지나(32)씨는 23일 알 자지라와의 단독 인터뷰에서 이런 사실을 밝혔습니다. 알 자지라는 "석방된 인질 2명에 따르면 이지영씨가 '내가 아프가니스탄에 오래 있었기 때문에 나머지 18명과 함께 남겠다'며 석방될 기회를 양보하는 놀라운 희생 정신을 발휘했다"고 보도했습니다.

이씨는 아프가니스탄에서 봉사활동을 하던 중, 지난달 초 이번에 피랍된 일행들과 현지에서 만나 통역 겸 가이드로 합류한 인물입니다. 탈레반은 스스로 남은 이지영씨를 위로하기 위해 그의 가족에게 편지를 쓰도록 허락했고, 곧 풀려날 것이라는 희망도 약간 비쳤다고 합니다. 이지영(36,여)씨가 자필로 쓴 쪽지는 이지영씨와 함께 있다가 먼저 풀려난 김지나·김경자씨가 석방 직전에 전달받은 것으로 이씨의 가족들에게 전달되었고 23일에 공개됐습니다. 이씨의 편지는 아랍어 글귀가 인쇄된 흰색 바탕의 노트 쪽지에 다섯 줄로 된 간결한 글씨체로 적혀 있었습니다. "이지영(부모님께). 건강히 잘 있으니 걱정 마세요. 잘 먹고 편히 있어요. 아프지 말고 편히 계세요." 그 동안 쪽지의 존재에 대해 전혀 모르고 있다가 이날 경기도 성남시 분당의 피랍자 가족 모임 사무실에서 처음으로 딸의 메모를 전해 받은 이씨의 어머니 남상순(66)씨는 북받치는 그리움과 슬픔을 참지 못하고 딸의 이름을 부르며 통곡했습니다. 남씨는 "딸의 필적이 맞다. 이것을 받는 순간 우리 지영이를 만난 것 같았다. 자기도 힘들텐데 엄마 아프지 말라고……"라며 말을 잇지 못했습니다. 또 남씨는 "원래 다른 사람을 잘 배려하는 심성이 착한 아이다. 딸이 남을 위해 양보했다는 것이 무척 자랑스럽다. 그러나 기다리는 심정은 매일 불안하고 피가 마른다. 지영아, 엄마가 너무 보고 싶다. 19명이 손에 손잡고 활짝 웃는 모습으로 빨리 만나자"라며 애타는 심정을 토로

했습니다. 오빠 종환씨는 "쪽지가 있다는 것을 오늘 오후 석방자 가족을 통해 들었습니다. 석방자들이 많이 지치고 피곤한 상태라 그동안은 안정을 취하느라(쪽지에 대해) 자세한 얘기를 하지 않은 것 같다. 그리고 동생의 육성이 공개됐을 때 목소리가 차분하고 건강해 보여 아픈 사람이 풀려난다고 했을 때 기대를 하지 않았다. 그런데 알고 보니 음식도 제대로 못 먹고 많이 아팠었는데 두 분이 석방되기 4-5일 전부터 회복되자 '나는 이제 괜찮다'며 남겠다고 했다고 한다. 방송이 나가기 전에 김경자·김지나씨 오빠들을 통해서 지영이가 석방을 양보했다는 얘기를 전해 들었다. 동생이 아프가니스탄에 오래 있었고 양보를 잘 하는 성격이라 그랬던 것 같다. 안쓰럽고 걱정이 된다"고 말했습니다.

지난달 30일 국내 언론을 통해 육성이 공개된 바 있는 이지영씨는 피랍된 봉사단의 현지 인솔자 중 한 명으로 죽음의 위험 속에서도 동료에게 석방을 양보하면서, 남은 다른 동료들을 도와야 한다는 그 희생적인 사랑과 투철한 사명감은 우리를 감동시키고도 남음이 있습니다. 이것이 그리스도의 사랑이요 형제애가 아니겠습니까? 우리는 아름다운 양보를 결행한 이지영씨를 비롯하여 나머지 인질로 잡혀 있는 우리의 형제자매들이 가족이 있는 고국의 품으로 속히 돌아오도록 한 마음으로 기도하며 도와야 할 것입니다. 잘잘못은 나중에 가리고 지금은 그들의 무사귀환에 모든 힘을 모아야 할 것입니다.

예수님은 말씀하셨습니다.

"사람이 친구를 위하여 자기 목숨을 버리면 이에서 더 큰 사랑이 없나니 너희가 나의 명하는 대로 행하면 곧 나의 친구라"(요 15:13-14)

2007. 8. 26.

10

지사의 눈물

지난 13일 오후, 김문수 경기도지사는 안산시 한양대 게스트하우스에서 외국인 근로자들이 가족들과 단체상봉을 하는 '모범 외국인근로자 가족초청 행사'에 참여했습니다. 그때 김 지사는 짧게는 1년에서 길게는 3년 만에 만난 가족들과 서로 부둥켜안고 눈물을 펑펑 흘리는 것을 보고 같이 울었다고 합니다. 경기도와 안산시의 후원으로 스리랑카, 필리핀, 인도네시아, 몽골 등 12개국에서 모인 13명의 모범 외국인 근로자들이 가족을 만난 이 행사에 참석한 김 지사는 이주 노동자들의 노고에 감사하면서 국가별 가족 테이블을 일일이 돌며 격려를 아끼지 않았습니다. "먼 나라에서 가족을 위해 열심히 일할 뿐 아니라, 많은 이들이 기피하는 3D 업종에서 대한민국의 경제를 위해 최선의 노력을 다하는 외국인 근로자들이야말로 진정한 자국의 외교관이다. 경기도를 여러분의 땀과 보람과 편안

함이 있는 고향처럼 생각해 달라"며 격려했습니다.

우리나라에는 지금 많은 외국인 근로자들이 들어와 있습니다. 지난해 외국인 국내 체류자는 82만 명으로, 불법 체류자까지 합하면 100만 명에 육박할 것으로 추정되며 이 숫자는 우리나라 전체 인구의 약 2%에 해당합니다. 그런데 종종 한국인들이 이들에게 차별대우를 심하게 한다는 소식을 듣게 됩니다. 수년 전에 일어난 네팔 여인 찬드라 구룽 사건이 대표적인 외국인 학대 사건입니다. 찬드라 구룽이 식사를 하고 식대를 계산하려는데 주머니에 있던 돈이 없어진 것을 알게 된 인정머리 없는 주인은 밥값 몇 천 원을 못 받았다고 경찰에 신고했습니다. 경찰은 외국인이라 한국말을 제대로 못하는 것을 보고 정신박약 행려자로 취급하며 정신병원에 입원시켰습니다. 아무리 집에 보내 달라고 울며 매달려도 정신병자의 헛소리라며 가둔 채 강제로 약만 먹였습니다. 그 기간이 자그마치 6년 4개월이었습니다. 리폰의 이야기입니다. "휴식 시간이었습니다. 멀리 떨어져 있던 사장이 불렀습니다. 바로 가려다가 기름이 묻은 장갑을 벗어놓고 가려고 조금 주춤거렸습니다. 그 잠깐 사이에 부르르 화가 난 사장이 달려들어 주먹질과 발길질을 했습니다. 처음에는 말리던 한국인 직원들도 나중에는 사장과 합세하기 시작했습니다. 그들은 인간 샌드백이었습니다. 너무 맞아서 허리를 다쳤는데 쉬게 해달라고 애원하자 목덜미를 질질 끌고 가서 억지로 일을 시켰습니다." 외국인 노동자들이 작업 중 잘린 손목이나 잃은 목숨은 인간의 그것으로 대우받지 못했습니다. 9명이 숨지고 18명이 다친 '여수 출입국 관리소'의 화재 참사는 외국인 노동자들에 대한 차별과 학대가 어느 정도인가를 알 수 있습니다.

한국에 거주하는 외국인은 여전히 살기가 어렵습니다. '한국 소비자 보호원'이 연초에 실시한 '국내 거주 외국인 소비생활 실태'에 따르면 외국인의 41%가 한국에서 물건을 구매하는 데 불편을 겪었거나 피해를 입었다고 응답했습니다. 심지어 백화점 시식코너에서 맛을 봤다는 이유로 물건을 강제로 구매하도록 강요당했다는 응답도 있었습니다. 가장 큰 불편은 언어소통의 곤란이었고(35.9%), 이어 외국인에 대한 배려 부족(28.3%), 경제력 부족(22.0%) 등의 순이었습니다. 한국에서 일하다 돌아간 네팔 근로자들은 기계에 손목이 절단되거나 맞아서 온몸에 멍이 든 채 쫓겨 간 자신들의 사진과 학대 내용을 달력으로 만들었습니다. 베트남에는 한국 취업용으로 "왜 때려요. 우리도 사람이잖아요. 경찰에 신고할 거예요"라는 한국말을 가르치는 교재까지 나왔습니다. '산업정책 연구원'에 따르면 우리나라의 근로자 경쟁력은 66개국 중 54위로 낮지만, 기업가와 전문가의 경쟁력은 14위와 15위로 높은 편입니다. 전문가들은 "사람의 경쟁력을 국가 경쟁력으로 연결하기 위해서는 배타성과 갈등의 마인드를 개혁해야 하며, 대화와 소통을 늘여야 한다"고 지적했습니다.

우리는 더불어 살아야 하고 서로 존중하며 살아야 합니다. 우리 민족의 힘만으로는 살 수 없는 시대입니다. 우리가 외국인들의 애환에 눈물을 흘릴 줄 아는 마음만 있으면 모든 문제는 자연스럽게 해결될 것입니다.

성경은 말씀합니다.

> "형제를 사랑하여 서로 우애하고 존경하기를 서로 먼저 하며"(롬 12:10), "즐거워하는 자들로 함께 즐거워하고 우는 자들로 함께 울라"(롬 12:15)

2007. 9. 16.

11

세계로 수출하는 우수한 한글

　우리나라 한글이 세계적으로 알려져 수출되고 있습니다. 한글은 1997년 10월 1일 유네스코에 '세계 기록 유산'으로 등재(登載)됐고, 유엔은 글자가 없는 제3세계 국가들의 공식 문자로 한글을 지정했습니다. 1990년대 중반 영국 옥스퍼드대가 세계 30여 개 주요 문자의 합리성·과학성·독창성을 평가해 순위를 매겼는데 한글이 1위였습니다.

　미국 시카고대 매콜리 교수는 10월 9일이 되면 동료 교수와 학생을 초청해 한글날을 기념했습니다. 영국 리스대 샘슨 교수는 기본 글자에 획을 더해 음성학적으로 같은 계열의 글자를 파생해 내는 한글이 지구상에서 가장 진화한 문자라며 '자질문자(資質文字·Feature system)'라는 새 분류를 붙였습니다. 더 놀라운 것은 컴퓨터에서 한글의 업무능력은 한자나 일본어에 비해 7배 이상이며, 영어에도 떨어지지 않을 뿐더러 휴대전화 문자 보내기에서는 영어보다 훨씬 빠른 괴력을 발휘합니다. 쉴새 없이 문자를 찍어 대는 '엄지족'이 생겨난 토양이 한글입니다. 일자일음(一字一音), 일음일자(一音一字) 원칙인 한글은 로봇이나 컴퓨터가 음성을 인식하는 데 있어 다른 언어보다 훨씬 정확해 '명령언어'로도 각광받을 전망이라고 하니 참으로 뿌듯한 일입니다.

유네스코 '세종대왕상(UNESCO King Sejong Literacy Prize)'은 한글 창제에 담긴 숭고한 세종대왕의 정신을 기리고, 전 세계에서 문맹을 퇴치하기 위하여 헌신하는 개인, 단체, 기관들의 노력을 격려하고 그 정신을 드높이기 위해 1989년 6월 유네스코와 한국 정부에 의해 유네스코 문맹퇴치 공로상의 하나로 제정됐습니다. 유네스코 '세종대왕상'은 1990년에 시행된 이래, 인도나 요르단 등 세계 곳곳에서 문맹퇴치에 커다란 공을 세우거나 성공적인 활동을 펼친 단체에 수여되고 있습니다. 수상자에게는 소정의 상장과 메달, 그리고 38,000달러의 상금이 지급됩니다.

한글을 현지 문자로 채택하려는 노력은 주로 아시아 소수민족들을 중심으로 이뤄지고 있습니다. 1995년부터 태국과 미얀마 접경지대에 살고 있는 소수민족인 라후족의 언어를 문자로 표기하는데 한글이 탁월한 효과를 보이고 있다고 평가했습니다. 중국 내 소수민족인 '로바(Lhoba)족'의 언어를 한글로 기록하는 시스템이 고안되었습니다. 2004년에는 중국 내 또다른 소수민족인 '오로첸족'에게 한글 보급을 시도했습니다. 같은 해 경북대와 동티모르는 동티모르어인 '떼뚬어'의 표기수단으로 한글이 가능한지 여부를 공동으로 연구하기도 했습니다. 시민단체인 '한글사랑 나라사랑 국민운동 본부'는 최근 "한글을 글자가 없는 전 세계 6,000여 종족의 문자로 만들자"는 내용의 '한글문화 대강대국 선언문'을 발표했습니다. 「대지」의 작가 펄벅은 '살아있는 갈대'의 서문에서 "한글은 세계에서 가장 훌륭하면서도 가장 단순한 글자이며, 한글 자모음을 조합하면 어떤 언어 음성도 표기할 수 있다"고 극찬한 바 있습니다. 그러나 학자들은 중국의 성조(聲調) 등 한글로 표기가 어려운 부분에 대해서는 한글을 개조해 새로운 문자를 만들어 이를 해결하려 한다고 합니다.

하지만 한국인들은 한글을 파괴하고 있습니다. 욕도 다양합니다. 우리나라를 훼손시킨 일본의 역사 왜곡을 주장하기에 앞서 훌륭한 언어인 한글 하나 제대로 지키지 못하는 것부터 반성해야 할 형편입니다. 인터넷상에서의 바른 한글 사용은 찾아보기 힘들 지경에 이르렀습니다. 표준어와 맞춤법이 원칙을 잃고 혼란을 빚을 뿐 아니라 국적 불명의 외국어 남용, 원칙 없는 조어(造語)의 남발, 비속어, 은어가 범람하고 있습니다. 또한 세대간에 의사 소통이 힘들 정도로 심각한 수준에 이르고 있으며, 이는 결국 국가적 위협 요소가 될 것이라고 걱정하는 이도 있습니다. 우수한 한글을 바로 사용하고 발전시켜 세계로 수출하는 것은 국력의 성장이요, 문화발전에 이바지하는 일입니다. 한글 성경은 국내외 많은 한국인들에 의해 읽혀지는 최고의 한국어 교재입니다.

성경은 말씀합니다.

> "너는 배우고 확신한 일에 거하라 네가 뉘게서 배운 것을 알며 또 네가 어려서부터 성경을 알았나니 성경은 능히 너로 하여금 그리스도 예수 안에 있는 믿음으로 말미암아 구원에 이르는 지혜가 있게 하느니라"(딤후 3:14-15)

2007. 10. 14.

사랑과 행복을 위한
목회편지, 목회서신, 목회칼럼,

아름다운 양보

■
초판 1쇄 인쇄 / 2008년 5월 10일
초판 1쇄 발행 / 2008년 5월 15일

■
지은이 / 배 굉 호
펴낸이 / 김 수 관
펴낸곳 / 도서출판 영문
122-070 서울시 은평구 역촌동 10-82
☎ (02) 357-8585
FAX • (02) 382-4411
E-mail • kskym49@yahoo.co.kr

■
출판등록번호 / 제 03-01016호
출판등록일 / 1997. 7. 24

파본은 교환해 드립니다.
본 출판물은 저작권법으로 보호 받는
저작물이므로 출판사나 저자의 허락없이
무단 전재나 무단 복제를 할 수 없습니다.

정가 6,000원
ISBN 978-89-8487-240-0 03230
Printed in Korea